社会力量参与脱贫攻坚实践案例研究

(2018)

姚卜成◎主编

SHEHUILILIANG CANYU TUOPINGONGJIAN SHIJIAN
ANLI YANJIU

新华出版社

图书在版编目（CIP）数据

社会力量参与脱贫攻坚实践案例研究. 2018 / 姚卜成主编.
-- 北京：新华出版社，2019.4
ISBN 978-7-5166-4585-7

Ⅰ.①社⋯　Ⅱ.①姚⋯　Ⅲ.①扶贫－工作经验－案例－汇编－中国
Ⅳ.①F126

中国版本图书馆CIP数据核字(2019)第079370号

社会力量参与脱贫攻坚实践案例研究. 2018

主　　编：姚卜成

责任编辑：林郁郁　　　　　　　　　　**封面设计：**刘宝龙

出版发行：新华出版社
地　　址：北京石景山区京原路8号　　　**邮　　编：**100040
网　　址：http://www.xinhuapub.com
经　　销：新华书店、新华出版社天猫旗舰店、京东旗舰店及各大网店
购书热线：010－63077122　　　　　**中国新闻书店购书热线：**010－63072012

照　　排：六合方圆
印　　刷：北京凯德印刷有限责任公司

成品尺寸：170mm×240mm　　1/16
印　　张：14.75　　　　　　　　　　**字　　数：**190千字
版　　次：2019年5月第一版　　　　　**印　　次：**2019年5月第一次印刷

书　　号：ISBN 978-7-5166-4585-7
定　　价：78.00元

编委会

目　录
CONTENTS

金融扶贫

东西协作与定点扶贫

扶志与扶智

产业扶贫

金融扶贫

金融扶贫：具有全局和战略的多重意义

中央高度重视精准扶贫，近年来各地从建档立卡、精准识别，一直到精准施策、精准帮扶，采取了许多措施。金融扶贫是一个系统工程，既包括产业扶贫，同时也包括人的观念改变、环境塑造、金融体系、金融服务等。可以说，在所有的扶贫措施里面，金融扶贫是最难的、最综合的，但也是最管用、最长久的。

从微观和操作层面来看，信贷资金通过各种途径投入到扶贫产业中，各界都想办法给予最大限度的支持。但是我认为在各种产业扶贫措施里面，金融扶贫难度最大。

因为金融业市场化程度高，要求遵循市场规律得到相应的商业回报。而扶贫是一项特殊的工作，特殊政策、特殊对象决定了扶贫产业的回报率比一般项目低，支持农业产业的交易成本也比其他行业的交易成本高，风险也相对较高。

但金融作为推动产业扶贫的"消贫利器"高频率出现在大众视野。金融精准扶贫工作的大力展开，为我国贫富差距问题的解决提供了良好的经济基础，在推行政府扶贫政策，促进贫困地区经济发展的过程中起到了不可替代的作用。

实践证明，在所有的精准扶贫举措和办法中，金融扶贫最综合、最有效，也最持久。从更广阔的背景和时代发展需要考量，金融介入扶贫攻坚具有全局和战略的多重意义，能够产生多方面的溢出效应。但是，随着我国金融领域市场化改革的逐步推进，这种"政策性、公益性、单一性"的金融支持产业扶贫模式难以为继，要实现金融支持产业扶贫的可持续发展，充分认识金融精准扶贫工作的重要性，发挥好金融扶贫的先导和杠杆作用，创新金融扶贫方式方法，形成金融扶贫长效机制和可持续发展效能，为打赢脱贫攻坚战提供强有力的金融支撑。

叶兴庆，男，1964 年生，现任国务院发展研究中心农村经济研究部部长、研究员，中国农业大学兼职研究员、吉林农业大学兼职教授、中国林业经济学会副理事长、中国农业经济学会常务理事。

国家开发银行

国家开发银行成立于 1994 年，是直属国务院领导、支持中国经济重点领域和薄弱环节发展的国有开发性金融机构。

国开行注册资本 4212.48 亿元，股东是中华人民共和国财政部、中央汇金投资有限责任公司、梧桐树投资平台有限公司和全国社会保障基金理事会，持股比例分别为 36.54%、34.68%、27.19%、1.59%。

国开行主要通过开展中长期信贷与投资等金融业务，为国民经济重大中长期发展战略服务。截至 2018 年二季度末，资产总额 15.96 万亿元，贷款余额 10.89 万亿元；不良贷款率连续 53 个季度低于 1%，可持续发展能力和抗风险能力进一步增强。穆迪、标准普尔等专业评级机构，连续多年对国开行评级与中国主权评级保持一致。

目前，国开行在中国内地设有 37 家一级分行和 3 家二级分行，境外设有香港分行和开罗、莫斯科、里约热内卢、加拉加斯、伦敦、万象、阿斯塔纳、明斯克等 8 家代表处。全行员工 9000 余人。旗下拥有国开金融、国开证券、国银租赁、中非基金和国开发展基金等子公司。

国开行：以开发性金融谱写金融扶贫新篇章

走进湖南省怀化市芷江侗族自治县大树坳乡新庄村，几乎所有人都会被这里陶醉，阳光下光伏板如天一样湛蓝，山坳坡地上的高原葡萄甘甜可口，随处可以遇到面带笑容的村民，一种富足、安适感染着来访的每一个人。

早在2015年，这个人均耕地面积不到一亩的村庄，还有建档立卡贫困户50多户。这一切的变化，得力于国家开发银行的坚强后盾。2015年国开行派驻驻村工作队长、第一书记兼扶贫金融专员到新庄村，2016年芷江大水，国开行湖南分行启动应急预案，提供8000万元应急贷款用于灾后重建，确保贫困村如期脱贫出列。

扶贫金融专员、贫困县应急贷款，这只是国家开发银行参与脱贫攻坚的一个小片段。创新机制敢打硬仗、开发金融必拔穷根、"三大行动"补齐短板、金融专员誓扶真贫，国开行从四个层次发力，截至2018年9月底，累计发放精准扶贫贷款1.44万亿元，其中2018年新增发放2119亿元，覆盖1118个国家级和省级贫困县，易地扶贫搬迁惠及911万建档立卡贫困人口。深度贫困地区脱贫攻坚、东西部扶贫协作、定点扶贫"三大行动"取得新突破，诠释了"国是担当、开创共赢、行稳致远"的开行使命，彰显了服务国家战略、决战脱贫攻坚的政治担当。

创新机制打硬仗

经过三十多年的扶贫，我国已有7亿多人口成功摆脱贫困，但当前剩下的多是贫中之贫、困中之困，用传统的旧思路、老办法难以啃下这些"硬骨头"。形势紧迫，时不我待！国开行探路子、建机制、寻方法，在脱贫攻坚战中屡出实招。

采取新举措。2015年中央扶贫工作会议召开后，国开行立即召开了全行支持脱贫攻坚动员会，学习贯彻会议精神，并成立了以党委书记为组长、总行11个部门为成员的脱贫攻坚领导小组，总行党委委员采取分片包干、分工负责的方式，加强对分行工作的指导。全行形成了"一把手"负总责，上下联动、齐抓共管的脱贫攻坚工作机制。中央扶贫工作会议召开后，国开行先后召开16次全行性专题会议，就脱贫攻坚进行安排部署和组织推动，频率之高、力度之大在国开行历史上前所未有。

组建集团军。经银监会审批，国开行扶贫金融事业部于2016年5月31日正式挂牌运行。事业部下设综合业务局、基础设施局、区域开发局，通过专业分工、统筹协作，发挥"集团军"优势和作用，为支持打赢脱贫攻坚战提供支撑和保障。事业部成立后先后制定了办公管理、授信初审和风险内控等20项管理制度，实现了对国开行全行扶贫业务的统一归口管理。同时，研究制定"十三五"脱贫攻坚实施规划，为确保脱贫攻坚任务实施提供了指导和依据。2016年11月12日，扶贫金融事业部完成专账单独核算管理，建立起了以事业部制、集团军服务国家战略的新模式。

创造新思路。瞄准脱贫攻坚的薄弱环节，国开行加强组织推动与调查研究，探索创新开发性金融支持脱贫攻坚的思路和方法。经过不断的调研和摸索，国开行提出"融制、融资、融智"的三融扶贫策略和"易地扶贫搬迁到省、基础设施到县、产业发展到村（户）、教育资助到户（人）"的"四到"思路方法，为开发性金融脱贫攻坚指明了方向、提供了行动指南。

签署责任书。国开行坚持"党建带扶贫，扶贫促党建"，把开展"两学一做"学习教育与打赢脱贫攻坚战紧密结合起来，使"两学一做"学习教育有载体、有实践、有检验。为进一步强化责任担当，国开行党委与36家分行党委签订脱贫攻坚责任书，立下"军令状"，各分行党委书记、行长作为支持当地脱贫攻坚第一责任人，承担起脱贫攻坚的主体责任。

开发金融拔穷根

贫困地区发展离不开金融的支持。作为金融扶贫主力军，国开行瞄准贫困地区的难点痛点，精准发力，精准信贷，开发性金融已成为破解脱贫攻坚融资瓶颈的利器。

以易地扶贫搬迁为切入点，打好脱贫攻坚第一战。对1000万建档立卡贫困人口实施易地扶贫搬迁是脱贫攻坚的首战，任务艰难，意义非凡。面对易地扶贫搬迁复杂的形势，国开行理顺机制，稳妥推进，协助22个省（市、区）政府建立起省级扶贫投融资主体，就投融资主体的主要职责、运作模式以及资金来源等为地方政府提出意见建议和咨询服务。研究出资金上下贯通的省、市、县三级资金管理体系，打通资金借、用、管、还各环节，所提建议被国家有关主管部门采纳。

按照省级扶贫投融资主体"统一贷款、统一采购、统一还款"的融资模式，截至2018年9月底，国开行对22个省（市、区）发放易地扶贫搬迁贷款1092亿元，累计支持约312万建档立卡贫困人口实施易地扶贫搬迁。易地扶贫搬迁不能"一搬了之"，国开行明确提出，要将后续产业发展作为支持重点，增强搬迁群众后续发展能力，真正实现"搬得出、稳得住、逐步能致富"。

以贫困村提升工程为发力点，加快基础设施改善。经过多年发展，我国的通村路已基本实现覆盖，但贫困村的村组道路仍然十分落后。"看到屋，走到哭""晴天一身土，雨天一身泥"是一些贫困地区交通状况的真实写照。

国开行贷款支持的安庆市太湖县小池镇易地扶贫搬迁项目（搬迁之前）

国开行贷款支持的安庆市太湖县小池镇易地扶贫搬迁项目（项目建成）

一些贫困村吃水仍要靠肩挑背扛，乡村环境脏乱差，农村学校设施也十分简陋。由于贫困地区经济实力弱，仅靠自身财政难以改变这些贫困落后的面貌。12.8万个建档立卡贫困村大多基础设施落后，公共服务欠缺，是脱贫攻坚的一大重点。

在2016年4月，国开行经过深入调查，研究提出通过整合财政涉农资金撬动信贷资金的创新性举措，围绕村组道路、安全饮水、环境整治、校安工程等难点和"短板"，在不增加地方财政负担的前提下，为贫困县建档立卡贫困村基础设施建设找到了一种新的融资方式。截至2018年9月底，国开行已累计发放农村基础设施贷款3480亿元，惠及541个贫困县、39927个建档立卡贫困村、1895万贫困人口，可以建设村组道路31万公里、校安工程4762个、农村危旧房改造8.9万套，解决2316万人的安全饮水和2.4万个建档立卡贫困村的环境整治问题，极大改善了贫困地区的生产生活条件，让贫困群众有了直接获得感，激发了他们的内生发展动力，并为产

国开行支持的甘肃省会宁县安全饮水工程

业发展奠定了基础，为实现持久脱贫创造了条件。

为破解贫困地区"难在路上、困在水上、缺在电上"的难题，国开行与有关部委大力合作，签订合作协议，联合发布意见。截至 2018 年 9 月底发放 8427 亿元贷款，支持交通、水利、电力等大型基础设施建设，解决贫困地区等问题，使贫困地区区域发展环境明显改善，发展能力显著提升。

贫困地区的产业发展是多年来阻挠广大贫困户脱贫致富的"痛点"，也同样是我国金融扶贫工作中的难点。国开行在实践中探索形成了符合开行特点和贫困地区实际的业务模式：一是主动对接龙头企业，加大产业扶贫项目培育力度。与 186 家龙头企业进行对接，开发储备项目 188 个，融资需求合计 616 亿元。根据各地发展实际，统筹支持央企、省属国企、上市公司及地方龙头企业，形成多层次扶贫带动体系。二是创新国家储备林建设融资模式。发放贷款 141 亿元，通过林地租赁、吸纳就业等方式切实带动贫困户增收脱贫，覆盖 51 个贫困县、约 14 万贫困人口，把小而散的造林项目和产业扶贫项目整合起来，将储备林扶贫工程打造成全行产业扶贫的精品工程，使其成为开发性、政策性、商业性金融共同进入的产业扶贫领域。通过上述两种模式，以及"四台一会"贷款模式、扶贫转贷款等方式，截至 2018 年 9 月底，国开行累计发放产业扶贫贷款 1255 亿元，覆盖 157 个贫困县，带动 36.9 万建档立卡贫困人口。

再穷不能穷教育，阻断贫困的代际传递，要以教育扶贫为根本点。国开行发挥助学贷款主力银行作用，按照"应贷尽贷"原则，不断提高助学贷款业务覆盖的深度和广度。截至 2018 年 9 月底，国开行累计发放助学贷款 1360 亿元，覆盖了 26 个省份、2240 个区县、2830 所高校，使 1039 万家庭经济困难学生圆梦大学。在开发性金融的支持下，越来越多贫困家庭的孩子可以在明亮的校舍中得到知识的滋养，获得摆脱贫困的能力与机会，在更广阔的平台实现人生价值，彻底切断贫困传递。

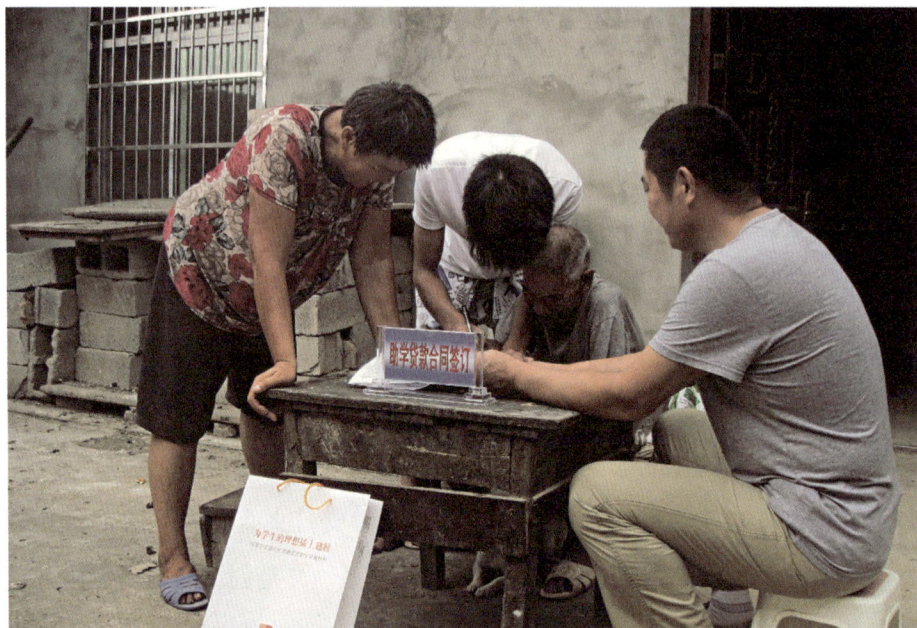

国开行工作人员上门为贫困学子办理国开行生源地助学贷款

"三大行动"补短板

通过举国上下的共同努力，脱贫攻坚取得了显著的成效，也到了冲刺的关键阶段。国开行找准重心，精准施策，大力实施脱贫攻坚"三大行动"，着力补齐短板。

深度贫困地区既是"贫中之贫"，也是脱贫攻坚的"坚中之坚"。国开行聚焦深度贫困地区脱贫攻坚，按照"信贷政策最优、贷款定价最优、审批流程最优、资源配置最优、服务方式最优"的工作原则，持续加大对深度贫困地区的支持力度。连续两年召开开发性金融支持深度贫困地区脱贫攻坚推进会，听取"三区三州"等深度贫困地区地方政府的实际需求和意见建议，研究解决工作中遇到的困难和问题，部署推动下一步工作安排。截至2018年9月底，向23个省确定的深度贫困县累计发放4252亿元，向"三区三州"深度贫困地区累计发放贷款2035亿元。

东西部扶贫协作和对口支援，是推动区域协调发展、协同发展、共同发展的大战略，是加强区域合作、优化产业布局、拓展对内对外开放新空间的大布局，是打赢脱贫攻坚战、实现先富帮后富、最终实现共同富裕目标的大举措。国开行不断深化银、政、企三方合作，推进东西部扶贫协作，连续两年召开开发性金融支持东西部扶贫协作推进会，与东部地区政府联合举办8场"开发性金融支持东西部扶贫协作在行动"活动，共对接264家龙头企业，促成244个项目达成合作意向。截至2018年9月底，累计开发东西部扶贫协作储备项目89个，发放金额169亿元，有力地促进了西部地区脱贫攻坚。

定点扶贫是发挥单位、行业优势与立足贫困地区实际相结合的有益实践。截至2018年9月底，国开行累计向贵州务川、正安、道真和四川古蔺四个定点扶贫县发放精准扶贫贷款110亿元，安排捐赠资金4570万元，已经帮助四县共脱贫7.2万户29.1万人，172个贫困村达到脱贫标准，成为中央金融单位定点扶贫工作的典范。在做好自身定点扶贫工作的同时，国开行还将中央国家机关和单位的组织协调、政策保障和行业管理等优势与自身的融资融智优势相结合，积极探索合力推进定点扶贫的新路子。截至目前，国开行已经与91个中央国家机关建立了合作关系，在干部培训、项目谋划、扶贫捐赠等方面开展了深入合作，先后参与了87个贫困县的扶贫规划和133个贫困县融资方案的编制，向超过200个定点贫困县发放贷款1310亿元。机制的改变带来的成效是显著的。2017年5月3日到5日举办的中央国家机关扶贫挂职干部培训班上，国开行的工作得到了来自89个单位的160位定点县挂职干部的高度好评，并荣获2017年新华网颁发的"中国社会责任扶贫奖"。

金融专员扶真贫

扶贫先扶志，扶贫必扶智。为贫困地区提供融智服务，以此提升内生发展动力，推动构建永续脱贫机制，已成为开发性金融支持脱贫攻坚的鲜明特色和重要优势。

扶贫金融专员，为脱贫攻坚提供一线战力。为解决贫困地区金融人才不足的问题，国开行选派183名综合素质好、责任意识强、业务能力过硬的业务骨干到832个国家级和集中连片特困地区贫困县所在的174个地市州专职开展扶贫工作。扶贫金融专员作为国开行和贫困地区的桥梁纽带，在政策宣传、规划编制、扶贫项目策划、融资模式设计等方面发挥了重要作用，被称为扶贫开发的"宣传员、规划员、联络员"。

这些扎根一线、坚守一线的国开行青年，不畏艰难、不辞辛苦，走村入户，和贫困群众交朋友、拉家常、谋发展，帮贫困地区摸情况、找思路、出主意。有的专员借助互联网力量，发起网络众筹，为贫困村发展甜橙等特色产业开展宣传、筹集资金；有的专员帮助农户引入优质品种，更新种植技术，并协助筹集资金，发展葡萄种植产业，同时通过引进葡萄酒生产商和电商平台解决销路，为村子脱贫致富提供了全面服务。他们运用开发性金融原理和方法，走进深山荒漠，积极探索开发性金融支持脱贫攻坚的新模式和新举措，为贫困地区打赢脱贫攻坚战提供融智支持。

国开行认识到，仅仅派出金融专员是不够的，还要在当地培育出金融专干。怎样才能帮助贫困地区地方干部更好地了解脱贫攻坚的方针政策、掌握金融扶贫先进理念和方法、拓宽带领贫困群众脱贫致富的思路和举措？国开行发起了贫困地区干部金融培训班。截至目前，国开行先后举办了34期地方干部培训班，实现了14个集中连片特困地区和"三区三州"深度贫困地区全覆盖，培训贫困县领导干部2878余人次，有效增强了贫困地区地方干部对扶贫政策的理解，提高了运用金融手段推进脱贫攻坚的能力。

脱贫攻坚是一项复杂的系统性工程，要从根本上改变一个地区长期形成的贫穷状态，需要以长远眼光统筹全局，通过科学规划找到正确的发展路径和长久的脱贫机制。多年来，国开行发挥在专家、行业等方面的优势，因地施策、量体裁衣，通过编制规划和咨询报告，为贫困地区提出差异化发展思路和融资支持方案，逐步形成了从片区、省级规划到市县、乡村规划，从行业发展规划到系统性融资规划的多维度、多领域的扶贫规划体系，建立了规划引领扶贫业务发展的新模式，使规划成为开发性金融支持脱贫攻坚的一个重要亮点。

截至 2018 年 9 月底，国开行先后支持和参与 22 个省级脱贫攻坚规划编制，为集中连片特困地区、深度贫困地区的市县编制扶贫融资规划和规划咨询报告 50 份，切实做到因人因地施策，因贫困原因施策，因贫困类型施策，精准滴灌、靶向治疗。

脱贫攻坚，道阻且长，需要拿出逢山开路、遇水架桥的决心和力量。"十三五"期间，国开行将安排精准扶贫贷款 1.5 万亿元，支持贫困地区特别是深度贫困地区基础设施、易地扶贫搬迁、特色产业发展、教育卫生改善等领域。国开行在党中央、国务院的坚强领导下，正在以"增强国力，改善民生"为使命，镌刻初心，砥砺前行，在打赢脱贫攻坚战的伟大征程中，继续书写风樯阵马、拔地倚天的金融扶贫辉煌篇章！

中证机构间报价系统股份有限公司

中证机构间报价系统股份有限公司（以下简称"中证报价"），原名中证资本市场发展监测中心有限责任公司，2013年2月27日成立，2015年2月10日更名改制，是经中国证监会（以下简称"证监会"）批准并由中国证券业协会（以下简称"协会"）按照市场化原则管理的金融机构。负责运营及管理机构间私募产品报价与服务系统（以下简称"报价系统"），报价系统秉承"多元、开放、竞争、包容"的理念，以私募市场、机构间市场、互联互通市场、互联网市场为基础定位，以为参与人提供私募产品报价、发行、转让及互联互通、登记结算、信息服务等为核心功能，以私募债券市场、私募股权市场、场外衍生品市场、普惠金融市场为主体架构，是多层次资本市场基础金融设施之一。

为扶贫汇聚资本力量

——中证报价搭建金融扶贫服务平台助力脱贫攻坚

"开源证券股份有限公司与汉阴县于达成结对帮扶，特此公告……"

"东方证券结对帮扶贫困县之一四川省沐川县顺利脱贫……"

"结对县域 256 个，帮扶融资 23306172 万，公益捐赠 48180 万，消费扶贫 7369 万，融资项目 52 个……"

这是打开中国金融扶贫综合服务平台，首页醒目位置看到的信息。根据中国证券业统计，2015 年，证券公司在公益项目上的投入达 1.15 亿元。而在过去，由于缺乏整体规划与政策支持，证券公司的扶贫活动始终呈现零敲碎打的态势，无法发挥行业资源与专业能力的优势，未能在全国扶贫工作中发挥更大的作用。

资本市场体量如此之大，扶贫任务如此艰巨，如何让资本有效参与到脱贫攻坚之中，把资本与扶贫形成有效对接？早在 2016 年 10 月，在中国证券业协会指导下，中证报价就依托报价系统搭建起中国金融扶贫综合服务平台（"扶贫平台"），为金融机构开展扶贫工作提供支持和服务，促进贫困地区资源优势产业化，推动贫困地区经济发展。

中国金融扶贫综合服务平台首页

为资本和扶贫联姻搭线

在精准扶贫、精准脱贫大背景下，2016年8月，中国证券业协会发布《证券公司"一司一县"结对帮扶贫困县行动倡议书》。2016年9月，证监会发布《中国证监会关于发挥资本市场作用服务国家脱贫攻坚战略的意见》，引导更多资本进入到脱贫攻坚这股浪潮中来。

作为证券行业扶贫的服务平台，扶贫平台基本功能离不开"扶贫"与"行业"：在扶贫工作上，平台以产业帮扶为中心，开展了系列尝试；在行业服务上，平台发挥自身行业服务者的角色，着力于引导行业共识，汇聚行业力量。

与保荐贫困县企业 IPO 或新三板挂牌的方式不同，扶贫平台利用报价系统作为场外市场基础设施的功能，以及场外市场在服务中小微企业、非上市企业方面的天然优势，将贫困县域的相关信息及融资需求通过报价系统进行展示，通过非场内、非挂牌的方式，帮助贫困县域与金融机构进行对接。

除此之外，扶贫平台专门开设项目融资信息展示栏目，供贫困地区企业展示项目融资信息。贫困县域企业可通过平台展示企业概况、融资需求、项目进展、融资方式等，依托扶贫平台丰富的金融机构资源，实现投融资双方对接。

汇聚行业力量，引导行业扶贫

扶贫平台开发了证券公司扶贫业务信息报送系统，按照扶贫工作模式的不同，划分结对帮扶、公益扶贫、产业扶贫、消费扶贫等项目对现有行业扶贫数据进行标准化处理以及量化统计分析，实时了解行业扶贫的整体态势，体现行业扶贫业务发展的特点与变化态势。证券公司可通过具有专门权限的报价系统参与人账户登录系统进行扶贫业务信息的报送，并对相关信息进行持续更新。报价系统根据每季度证券公司报送的扶贫信息，整理扶贫报告，报送协会及相关部门，供协会及相关部门参考。同时，扶贫平台也按协会要求对整理的数据通过平台进行展示，证券公司通过浏览扶贫平台网站可以及时了解行业扶贫的最新发展情况，同时也可以参照行业数据对自身扶贫工作的开展情况进行评估，打破各证券公司之间扶贫业务数据的"信息孤岛"，方便行业机构根据展示信息及时调整其扶贫工作计划，引导全行业向先进看齐，提升券商扶贫积极性。

系统开通后，各证券公司报送信息积极踊跃，截至目前共有 72 家证券公司通过扶贫平台进行扶贫业务信息报送，报送信息条目共计 3650 条，扶贫平台以此为基础发布行业扶贫动态 39 期，积极宣传了证券行业扶贫工作，传播行业扶贫正能量。

2017 年 9 月，中证报价协助协会举办资本市场助力脱贫攻坚交流会暨证券行业扶贫成果展，展示证券公司扶贫工作成果，总结交流资本市场服务脱贫攻坚实践经验，展望资本市场与贫困地区结合新方向，对证券公司"一县一企"结对帮扶倡议进行再动员。国务院扶贫办副主任欧青平、证监会副主席李超出席会议并讲话，国务院扶贫办及证监会相关部门负责同志出席了会议。来自证券公司、贫困县企业、贫困县政府等单位的代表共计近 200人出席大会，此外 14 家媒体单位应邀出席。

2018 年 9 月，中证报价联合《中国扶贫》杂志社共同举办"证券行业扶贫宣传培训活动暨'中国金融扶贫综合服务平台暨《中国扶贫》杂志'证券行业扶贫专题项目启动仪式"。通过证券行业扶贫系列报道的形式，积极推广宣传证券行业扶贫的优秀案例和先进典型，搭建一个开放、共享、宣传、交流的平台，更好地发挥证券经营机构在脱贫攻坚中的示范和引导作用，促进证券公司将脱贫攻坚工作不断推向深入。

取得的成果是空前的

县域展示方面，扶贫平台搭建专门的网页，展示贫困县域的基本情况、自然资源、特色资源、经济发展状况、基础设施及社会事业发展情况、区县创意策划、项目开发状况、优惠政策、县区企业经营状况与融资需求等多方面的信息，以加深金融机构对贫困地区的了解，发现贫困地区投资资源。目前扶贫平台已经为 194 个贫困县进行了展示，并为证监会定点帮扶县、山西临汾的贫困片区以及新疆、西藏等民族地区建立 3 个专门展示板块。

融资对接方面，扶贫平台为贫困地区企业融资需求提供融资平台，一方面通过证券公司、证券公司直投子公司、私募基金管理机构等中介机构辅导，推荐贫困地区企业开展私募股权、私募债权、资产支持证券等融资业务，帮助企业试水资本市场，解决其生产发展中融资渠道单一、融资方式少的困境；另一方面，扶贫平台提供融资对接服务、扶贫座谈、行业交流培训、产业基金对接等线下增值服务，促进企业与资本市场进行对接。截至目前，共有 21 个融资项目在扶贫平台融资，对接产业扶贫基金 8 支，规模 8.34 亿元，组织 10 场交流、培训等增值服务。

消费扶贫方面，为促进贫困地区特色产业发展，扶贫平台响应国务院扶贫办的号召，专门设立消费扶贫平台，同时与京东商城、乐村淘、life 金融街、本来生活等合作机构完成对接，尝试通过对接互联网电商的方式帮助贫困地区特色产品打开销路。目前已经针对 431 款贫困地区农特产品，完成线上交易额 33 万余元、线下交易额 580 万余元，总计 613 万元。

为资本和贫困地区联姻搭线

2017 年 4 月，扶贫平台首个产业扶贫项目"洛川乐生有限合伙份额募集第一期"顺利上线，并于随后两个工作日内募资成功。项目以新设洛川乐生有限合伙企业的形式，利用私募股权融资方式在扶贫平台融资 130 万元，用于推动洛川原生苹果产业发展，解决洛川县在苹果种植销售过程中的资金瓶颈，当地农民以合作社股东身份，享有苹果种植收益的同时，也可享有洛川乐生合伙企业生产经营产生的收益。

这只是扶贫平台助力资本落地贫困地区的其中一个案例。在不断完善扶贫平台系统功能的同时，中证报价一直在努力推动各项扶贫业务的实践。

2016 年 6 月，中证报价调研组到达山西省临汾市永和县，参加由山西省临汾市扶贫办组织的中央驻晋定点帮扶单位挂职干部座谈会，并在座谈会上就报价系统扶贫平台相关事宜做了主题发言，向全体挂职干部介绍报价系统基本情况、扶贫平台建设背景以及扶贫平台主要功能。同时，让贫困县域企业以及相关业务人员了解扶贫平台与贫困地区企业合作的业务模式与具体流程，促进临汾市贫困地区企业与扶贫平台深入对接。

中证扶贫平台展示贫困地区产业项目

2016 年 7 月，中证报价等与临汾市政府在山西省临汾市隰县联合举办"中证扶贫平台推进暨消费扶贫工程启动大会"。会后多家企业向扶贫平台报送融资需求、展示信息与特色产品信息，中证报价经过筛选将其中质量较高的部分项目、产品，如梨果贮藏项目、小米加工项目、玉露香梨消费扶贫项目等，在扶贫平台上进行展示。

2016 年 12 月，由中证报价及中证互联和临汾市政府共同举办的"临汾市证券公司'一司一县'结对帮扶启动仪式暨金融支持培训会"在隰县如期召开。山西证券、中信建投证券、大同证券分别与汾西县、吉县以及隰县确定结对帮扶关系。通过此次会议，三家证券公司确定对山西省临汾市贫困县域的结对帮扶，并在产业扶贫、消费扶贫、金融扶贫等方面与扶贫平台一起合作，推动扶贫工作在临汾市贫困县域的落实。

2018 年 1 月，中证报价协助协会在北京举办了"中证资本市场精准扶贫专场拍卖会"。通过拍卖的交易方式，充分发掘贫困地区农产品价值，为优质的产品寻找到更需要的买家，促进了贫困地区农产品的交易。本次活动征集了来自 13 个省、自治区的 45 种拍品，拍品类型涉及干鲜果品、粮油茶叶、

中证扶贫平台销售的贫困地区特色产品

生熟肉品、山珍野菜以及蜂蜜等多个品种。活动通过线上线下相结合的途径，以拍卖的形式向各证券公司进行贫困地区农产品销售，最终光大证券、民生证券、天风证券等 8 家证券公司成功竞得来自 20 个贫困县的拍品，活动成交金额总计超过了 1000 万元。

再接再厉，不断创新

2017 年以来，扶贫平台在已有业务的基础上，开展了更多的业务尝试，丰富自身服务贫困地区、贫困人口的手段。其中一种方式是通过组织私募融资路演活动，提升贫困地区利用多层次资本市场的能力。

面对面的线下路演会是大多数企业开展私募融资的必经环节，一次成功的路演往往就能为企业吸引大量投资机构的关注，实际解决企业的融资问题。另一方面贫困地区企业通过路演活动可以与其他地区的企业站在同样的起跑线上同台竞技，在展示自身能力的同时，还能了解其他企业优秀的商业模式、先进的经营理念，发现自身经营中有待改善的问题，逐渐适应资本市场的投融资逻辑，提升其利用资本市场促进自身发展的能力。迄今为止，线下扶贫平台组织了 10 场针对贫困地区的培训、交流、路演活动，服务企业 50 家，并邀请近 100 家各类投资机构参会对接。

2017 年 7 月，为支持贫困地区经济发展，发挥资本市场促进资本形成、推动资本、资源、产业的有效对接，在国务院扶贫办、全国工商联、协会的指导下，由中证报价、《中国扶贫》杂志社共同举办"第二届北京（国际）新型城镇化产业博览会'脱贫攻坚专展'（暨社会企业资本扶贫高端论坛）——资本市场与贫困地区企业融资项目对接会"，邀请了天风证券、华林证券、德邦证券、国融证券等多家证券公司、投资机构，以及近二十家来自贫困县域的优质企业，进行对接研讨。

2018 年 4 月，中证报价再次尝试利用私募股权融资方式推动贫困地区企业与资本市场对接，联合方正证券股份有限公司、农业项目股权投资促进会共同组织了精准扶贫投融资路演会。邀请来自证券公司、贫困县政府、贫困县企业等单位的代表共计近 100 人参加了本次活动。通过"培训＋路演"的创新方式，为来自湖北、云南、河南、新疆等地区的 8 家贫困地区企业提供展示舞台，提升贫困地区企业利用资本市场的能力，推动资本、资源与产业的有效对接。

扶贫平台上线 2 年以来，扶贫工作逐渐得到了相关行业主管部门、证券公司以及媒体机构的关注与肯定。2018 年是脱贫攻坚的关键一年，扶贫平台将继续加强在扶贫领域的投入，充分发挥自身证券行业扶贫服务平台的组织能力，不断深化扶贫领域的业务创新，丰富自身服务贫困地区、贫困人口的手段，引导证券公司与资本市场的各项资源向贫困地区倾斜，推动产业扶贫、实现精准扶贫，坚持打赢脱贫攻坚战。

中国保险行业协会

中国保险行业协会成立于 2001 年 2 月 23 日，是中国保险业的全国性自律组织，是自愿结成的非营利性社会团体法人。主管单位是中国银行保险监督管理委员会，登记管理机关是中华人民共和国民政部。

中国保险行业协会的基本职责为：自律、维权、服务、交流、宣传。自律是协会工作的核心职能；维权是协会工作的核心价值；服务是协会工作的根本宗旨；交流是协会工作的重要手段；宣传是协会工作的基本职能。

中国保险行业协会最高权力机构是会员大会，理事会是会员大会的执行机构，下设互联网分会、信息技术专业委员会、统计专业委员会等 31 个分支机构，各分支机构的日常工作由相应工作部承担。中国保险行业协会还通过定期召开全国协会系统会议，交流情况、协调工作。

中国保险行业协会：为脱贫攻坚"保驾护航"

党的十八大以来，以习近平同志为核心的党中央把贫困人口脱贫作为全面建成小康社会的底线任务和标志性指标，在全国范围全面打响了脱贫攻坚战。党中央、国务院高度重视金融扶贫工作。金融扶贫是打赢脱贫攻坚战的重要举措之一，对促进生产要素流向贫困地区，支持贫困地区、贫困户发展脱贫产业发挥了重要作用。保险业在脱贫攻坚中具有独特优势和作用。在中央扶贫开发工作会议上，习近平总书记指出，新型农村合作医疗和大病保险政策要对贫困人口倾斜。李克强总理强调，要扩大农业保险覆盖面，积极支持发展特色农产品保险。汪洋主席曾在金融精准扶贫工作电视电话会上强调，保险扶贫要重视为贫困人口量身打造生产生活、家庭财产、养老医疗、融资增信等保险产品，特别要研究如何借助保险来减少因病因灾返贫。

"金融扶贫，保险先行"。中国保险行业协会在监管部门的领导下，认真贯彻落实中央扶贫开发工作会议和《决定》精神，扎根实际、务求实效，通过发挥行业组织桥梁纽带作用，推动保险行业提升扶贫能力和水平，得到了群众点赞、社会认可。

建机制——全面强化党对扶贫工作的领导

中国保险行业协会党委高度重视扶贫工作，成立扶贫工作领导小组，协会党委书记、会长担任组长，领导班子成员为副组长，各部门负责人为小组成员。领导小组负责全面贯彻落实党中央、国务院和监管部门对扶贫工作的重大战略部署和具体工作要求，对中保协扶贫工作进行统一领导。

领导小组切实加强扶贫工作机制建设。一是加强学习。以党委理论学习中心组为带动，深入持续学习习近平精准扶贫精准脱贫重要战略思想和系列讲话精神，用科学的理论武装头脑，不断提升扶贫工作的科学性、有效性。二是切实开展调查研究。党委书记、会长带头开展调研，先后赴陕西省周至县和结对帮扶对象——察右中旗库伦苏木开展调研。深入了解当地扶贫工作开展情况，存在的困难和问题以及保险业在助推当地脱贫攻坚中的作用，为扎实有效做好保险扶贫工作奠定坚实基础。三是研究制定三年扶贫工作规划。同时，结合实际，制订年度扶贫工作计划，确保保险扶贫工作有序推进，取得实效。四是建立相关工作制度和机制。建立保险扶贫专题会议制度，定期梳理总结协会扶贫工作开展情况，有针对性地安排部署下一个阶段的工作内容；建立会员单位扶贫工作联络人制度和扶贫工作交流机制，促进会员单位间扶贫工作经验交流，共同提高扶贫工作水平。

定点帮——组织全体员工用实际行动精准扶贫

中保协将基层党建与精准扶贫紧密结合，中保协党委、各党支部、全体党员充分发挥指挥部、战斗堡垒、先锋模范作用，积极投身于党中央脱贫攻坚战略，每年确定一个对口帮扶贫困乡村，立足自身实际开展精准扶贫。四川省甘孜州石渠县宜牛乡本日村是一个海拔4200米的藏族村庄。当地交通闭塞，农牧民生活条件极差。2015年以来，中保协持续开展"聚能量、献爱心定点帮扶活动"，为本日村村民捐献棉被、毛毯、褥子等 205 床，秋冬保暖衣物 518 件，膏药等药品 1030 盒，帮助 15 名学生完成 2017–2018 年度期间学业。如今，本日村贫困情况已得到极大改善。

随后，中保协定点捐赠帮扶对象调整为四川省阿坝州壤塘县上杜柯乡日科村。2018 年，组织志愿者赶赴四川省阿坝州壤塘县上杜柯乡日科村进行义诊，参与义诊的医生及志愿者们克服种种困难，诊断病人近 500 人，分发药品 5000 盒以上，切实帮助村民们减轻医疗负担。

2018 年 9 月，根据银保监会察右中旗、察右后旗结对帮扶动员会议的安排部署，中保协与安华农业保险股份有限公司结对帮扶察右中旗库伦苏木。朱进元会长和李富申董事长带领相关同志组成调研组，深入帮扶对象察右中旗库伦苏木开展调研，成立"库伦苏木结对帮扶领导小组"，制定《库伦苏木结对帮扶工作方案》，利用拟用三年时间帮助当地开展特色产业和集体经济，完善道路、房屋等基础设施，创新扶贫保险专属产品体系，

保险业助推乌兰察布脱贫攻坚系列活动签约仪式现场

保障脱贫成果。

创新扶——带动社会公众共同为精准扶贫贡献力量

中保协聚焦脱贫攻坚这一重要使命，以 7.8 活动为契机，采取宣传活动＋公益行动＋扶贫举措的方式，号召行业内外、社会各界关注扶贫、参与扶贫，落地实施具体扶贫项目，让建档立卡贫困人口得到实实在在的帮助。

2017 年，中保协首创"7.8 公里保险扶贫公益跑"模式通过运动＋公益＋保险＋扶贫的模式，组织全行业带动社会公众开展"7.8 公里保险扶贫公益跑"活动。在"咕咚"运动平台上线仅 42 分钟，线上参与人数即突破 1 万人。据不完全统计，短短 12 天，200 余万人参与公益跑，跑步总里程达 2500 万公里，44 家保险公司认领的 60 个扶贫项目在各保监局、各地政府扶贫部门的支持帮助下完成落地，共为全国 31 个省（自治区、直辖市）324074 名建档立卡贫困人口提供保险保障 1562276.54 万元。截至 2018 年 4 月，该项目已为 9 名发生风险情况的贫困群众及时给付 365000 元理赔款，有效解决了因病、因灾致贫返贫的问题，充分展示了保险业有价值、有担当、有温度的行业形象。

2018 年的"7.8 保险扶贫健步走"是 2017 年"7.8 公里保险扶贫公益跑"活动的延续和升级，搭建微信小程序活动平台，组织动员行业内外、社会公众积极开展公益健步走活动，每累积到 7800 步即可捐赠给包括"三区三州"在内的 37 个省市、地区，捐赠步数可累积形成保险扶贫项目，由保险公司认领，为各地建档立卡贫困人口及家庭送去保险保障。活动自 6 月 25 日上线后，监管部门高度重视，各地方行业协会认真组织，各保险公司及其分支机构全面动员，带动广大群众积极参与。截至 7 月 8 日 18 时活动结束，有 1877 万余人次参与保险扶贫健步走活动，总捐赠步数达到 220 亿步。共有 45 家保险公司认领包括"三区三州"在内的 29 个地区的 56 个保险扶贫项目。未来 3 个月内，各保险公司将与当地监管部门、扶贫部门共同商讨确定帮扶对象、帮扶方式，落地帮扶项目，并通过中保协官方网站和公司官方网站进行公示，接受各界监督。

在中保协号召的支持下，山东保险行业举行"7.8 公里保险扶贫公益跑"

公益扶——建立公益扶贫长效机制

2018 年 7.8 活动期间，中保协与中国扶贫基金会联合发起"爱心 7.8 助贫困儿童"公益行动，号召行业内外、社会公众在捐赠健步走步数的同时，还可以直接为凉山州贫困地区的孩子捐赠善款，善款将以"爱心包裹"的方式给孩子们的童年增添色彩，活动的募集目标为 10 万元，短短 10 余天即有 3567 位爱心人士捐赠善款 10.4 万余元，这些善款为凉山州岳西县的1040 个孩子送去了爱心包裹。

"中国保险行业 7.8 扶贫公益基金"是中保协联合中国扶贫基金会在2018 年 7 月 8 日 7.8 全国保险公众宣传日新闻发布会上，共同发起设立的，

15 位最美保险营销员代表全体保险从业者发出扶贫宣言。全国劳动模范、最美保险营销员、新华保险功勋总监金爱丽女士在该基金中创建首个子基金——"新华保险金爱丽团队扶贫公益基金"。"中国保险行业 7.8 扶贫公益基金"的设立是保险扶贫公益行动的又一重要探索和实践，该基金将以中国保险营销员扶贫志愿者为带动，号召动员全国保险从业者和社会公众，每产生 1 张保单积极捐赠 7 角 8 分，还可以捐赠 7 元 8 角，78 元……聚沙成塔，集腋成裘，切实帮助贫困地区尤其是深度贫困地区和深度贫困人口脱贫致富。

2018 年"7.8 公里保险扶贫徒步走"活动现场

此外，中保协组织大学生保险责任行志愿者，以建档立卡贫困户为服务对象，开办"保险扶贫公益讲堂"，帮助更多的贫困人口学会运用保险改变生产和生活。并通过大学生保险责任行活动，推广助学贷款保证保险，解决贫困家庭学生就学难题；开展优秀贫困大学生保险专场招聘活动，解决贫困大学生就业问题。

"中国保险行业 7.8 扶贫公益基金"成立

搭平台——推动行业深入开展产业和专业扶贫

脱贫攻坚以来，中保协充分发挥行业社会组织协调沟通、整合资源、调动力量的作用，以保险扶贫宣传为切入点，连续组织新闻媒体保险扶贫走基层活动，先后邀请新华社、央视财经、金融时报、中国经济时报、中国保险报、人民网、中国金融杂志等多家主流新闻媒体分别到云南省大理州和楚雄州、宁波、四川，深入了解农业保险、健康保险、民生保险、责任保险、巨灾保险、产业脱贫保险等在助推中央和当地脱贫攻坚以及服务社会治理中发挥的积极作用。

中国人民财产保险股份有限公司坚持政府引导、市场运作、自主自愿、共同负担的原则，责任涵盖自然灾害、意外事故、疫病或疾病，有效填补当地农村社会保障体系空白。开展的四川凉山"特惠保"得到中央领导的肯定，成为运用特色农业保险支持特色产业"精准扶贫"的有益实践。开展的河北阜平"政融保"，用保险资金为当地政府提供融资+保险产品提供风险保障，充分运用保险机制全方位精准扶贫，为 7.93 万贫困群众提供保险保障 54.33 亿元、担保贷款 9.57 亿元，资金的杠杆效应放大近百倍。

使贫困群众生产经营有保险，创业有贷款，脱贫致富有保障。

中国人寿保险股份有限公司在甘肃开展"两保一孤"精准扶贫措施，在农村失去发展能力的一、二类低保户、五保户和农村孤儿。通过政府购买、市场运作方式，保险公司提前给付，精准帮扶到户、到人。截至2017年8月，为兰州、酒泉、定西、天水、白银、临夏等6个市（州）88万"两保一孤"特困群众，提供保险保障343.3亿元，累计赔付2214人次，共3464万元。

阳光保险集团积极参与芦山地震灾后重建和脱贫攻坚，联合中国扶贫基金会在雅安探索启动"互联网＋扶贫"模式，以合作社为载体，深耕上游，把分散的农户组织起来，农户主"种"，合作社主"销"，以网络为"主战场"，销售名山猕猴桃帮助农民实现真正脱贫。目前，阳光保险已在雅安建立了首批茶叶、猕猴桃、黄果柑、枇杷等特色农产品示范基地。2018年1月，阳光保险集团与中国扶贫基金会在四川雅安共建的公益扶贫示范基地正式揭牌。

中国太平洋财产保险股份有限公司在河北开展的"政银企户保"项目，

中国太平洋人寿保险股份有限公司向镇宁县建档立卡贫困户赠送保险仪式现场

以产业政策为导向，以财政资金做担保，以银行贷款为基础，以企业带动为条件，以贫困户脱贫为目标，以保证保险为保障，探索出一条以政府搭台增信为依托、以信贷风险分担机制为核心、以多方联动为基础的金融扶持产业发展实现脱贫的新路子。目前已在7个地市17个县为17.12亿元扶贫贷款提供风险保障，直接受益农户及涉农企业7490户，带动配套社会资本金超过50亿元，

如今，各保险机构结合当地贫困地区实际情况，因地制宜设计针对性很强的保险产品。例如"云南龙陵黄山羊、石斛特色产业保险"、"云南普洱咖啡价格保险"、贵州台江"产业扶贫保"等，这些均为保险扶贫探索出有益的路径和办法。

树典型——用典型引领行业提升扶贫工作水平

持续评选发布"全国保险扶贫先锋榜"。围绕"大病扶贫、农险扶贫、补位扶贫和产业扶贫"，在全行业开展"全国保险扶贫先锋榜"的评选和发布工作。先后发布三期，形成"全国保险精准扶贫先锋榜""全国保险扶贫产品先锋榜""全国保险扶贫服务先锋榜"和"全国保险扶贫帮扶先锋榜"等10个榜单，119个具有代表性的优秀项目上榜。

公开出版《保险业助推脱贫攻坚优秀实践成果集》。在持续发布"保险扶贫先锋榜"的基础上，从近千个可复制、可推广的保险扶贫成功经验和模式中，遴选出49个保险扶贫优秀实践案例，公开出版《保险业助推脱贫攻坚优秀实践成果集》。该书如实记录了近年来保险业在助推脱贫攻坚进程中的坚实足迹，以及保险工作者与贫困群众之间的动人故事和深厚情谊，得到了行业内外的高度关注和赞誉，CCTV7主持人李威认为"不仅要关注农民们的生计问题，更要关注他们是否有抗击风险的能力、是否有适合他们的农业保险产品，这些案例提供了很多借鉴经验"。中国金融作家协会

主席阎雪君表示："我看了这些案例之后，更加明白了扶贫绝不是仅靠钱。"

公开发布首届"全国保险业助推脱贫攻坚十大典型"。评选出四川凉山"惠农保"、甘肃秦安"两保一孤"精准扶贫、河北阜平"政融保"、河北"政银企户保"、河南兰考"脱贫路上零风险"、宁夏"脱贫保"、江苏泗洪"扶贫100"、云南普洱咖啡价格保险、全国7.8公里保险扶贫公益跑、贵州台江"产业扶贫保"等十个最具代表性的典型案例。"十大典型"均得到过党和国家领导人以及监管部门的充分肯定。作为保险业充分运用自身功能作用精准扶贫的优秀典范，"十大典型"的评选发布产生了积极的示范带动效应，切实激励并促进各保险机构不断提升扶贫工作水平，有效推动地方政府善于运用保险机制解决脱贫攻坚中面临的困难和问题。

维萨信息系统（上海）有限公司

　　维萨（Visa）是全球领先支付技术公司，连接着全世界 200 多个国家和地区的消费者、企业、金融机构和政府，促进人们更方便地使用数字货币，代替现金或支票。自从 20 世纪 90 年代初在中国成立办事处以来，Visa 在过去 30 多年间一直与中国政府、银行及商户等合作伙伴紧密合作，为推动行业发展作出了积极贡献。中国的 Visa 持卡人可以在全世界 200 多个国家和地区的几千万家商户享受安全、快捷和便利的服务，并可以在全球超过 260 万台 ATM 机取现。

　　在全球范围内，Visa 是普惠金融及教育事业的引领者与推动者。作为全球最大的数字支付网络，Visa 也是推动金融普惠的强大平台。2011 年起，Visa 与其金融机构合作，帮助全球的金融未惠及人群建立了近 5 亿个 Visa 账户。2015 年，Visa 向由世界银行发起的"全球金融普及倡议 2020"承诺，到 2020 年，再为 5 亿未被金融服务所覆盖的人群提供数字支付账户，并将其带入正规金融体系中。为实现这一目标，Visa 正在不断加大力度，与来自不同领域的合作伙伴开展广泛合作。而在中国开展的普惠金融的工作正是其中至关重要的组成部分。

Visa 中国：打通金融扶贫的"最后一公里"

    "普惠金融的概念现在已经深入人心，但是打通普惠金融'最后一公里'仍然面临着重大挑战。如何全面、有效地整合政府、企业、金融机构等社会力量和资源，从而使终端消费者真正获益是当前普惠金融发展升级的重中之重。"2018 年 6 月中旬，在 Visa 公司发起举办的"Visa 中国第二届普惠金融合作伙伴 2018 年度会议"上，中国普惠金融研究院贝多广博士就普惠金融在脱贫攻坚中起的作用作了演讲，他号召越来越多像 Visa 这样负责任的企业和社会力量加入进来，发挥各自优势，响应社会发展诉求，携手推动普惠金融健康、可持续发展，促进精准扶贫。

    2018 年发布的《中共中央国务院关于打赢脱贫攻坚战三年行动的指导意见》提出，要加大金融扶贫支持力度，加强扶贫再贷款使用管理，优化运用扶贫再贷款发放贷款定价机制，引导金融机构合理合规增加对带动贫困户就业的企业和贫困户生产经营的信贷投放。金融扶贫作为扶贫开发的重要组成部分，在脱贫攻坚战中肩负着重要的使命。发展普惠金融成为我国扶贫工作的一项重要任务，对提升贫困人口收入与福祉，实现可持续发展具有重要影响。

    在推行普惠金融助力精准扶贫方面，Visa 推行双轮战略，一边是针对基层的扫盲教育，弥补金融教育缺失的鸿沟，教会农户如何把"数字账户"利用起来；一边是和政府、学术机构的合作研究，探索中国语境下普惠金融如何惠及千家万户。为此，Visa通过支持中国人民银行下属的中国金融教育发展基金会创新型农村金融教育项目——"金惠工程"，探索适合中国贫困农村地区的金融教育可持续发展模式。连续两年来，Visa举办中国普惠金融合作伙伴年度会议，立足中国、联合社会各界力量共建金融普惠生态系统，致力于打通金融扶贫"最后一公里"。

金融扫盲：让贫困户脑袋富起来

扶贫必先扶智。在Visa看来，最好的金融工具不是某个产品，而是知识。2013年，Visa首先发起了"金融教育发展合作伙伴计划"，旨在与有共同理念和卓越能力的政府机构、金融机构、非营利机构、企业雇主、教育机构与媒体等，通过探索适合国情和受众的金融教育模式，引进相关内容，组织和开展形式多样、寓教于乐的活动进行金融教育普及工作，帮助提高国民金融意识。5年多以来，加入"金融教育发展合作伙伴计划"的政府相关机构、金融机构、非营利机构和媒体超过16家，逾400万人受益于Visa和合作伙伴们策划组织的各类金融教育活动。

对于Visa公司而言，普惠金融指任何人在任何地方都能获得安全、便利、可负担的支付和其他金融服务，并使用这些服务来满足日常需求，实现长远目标。

在精准扶贫战略的背景下，发展普惠金融对于加强金融包容性，支持经济增长，促进就业，消除贫困，实现社会公平有着重要的意义。为小微企业、农民、贫困人群等及时获得价格合理、便捷安全的金融服务，例如长期储蓄、方便的支付、保险和不同种类的贷款，通过金融扶贫，促使他们成为更加自食其力、自立自强的社会成员，正是普惠金融的价值所在。

值得一提的是，为支持老区扶贫开发，推进老区普惠金融及金融教育发展，Visa 与中国农业银行于 2016 年 11 月 24 日于井冈山启动了 "2016 金穗 Visa 普及金融知识万里行" 活动。活动以国内首辆金融教育流动宣传车为载体，途经井冈山、红安、延安和内蒙古土默特左旗，为老区青少年带去实用、丰富的金融知识。同时也将普惠金融与金融教育的国内外最佳经验带到老区，推动老区普惠金融政策与实践的更好发展。

深耕中国几十年，Visa 借鉴国外成功模式，在中国创造性地引进 "中国金融教育 Visa 流动宣传车"。这也是国内首辆专注于金融教育的流动教室。5 年以来，中国金融教育 Visa 流动宣传车已经走过了逾 5 万公里，访问过北京、上海、重庆、河北、河南、甘肃、陕西、内蒙古、四川、湖南、湖北、江西、云南和广东等 14 个省市自治区，近 30 所学校的上万名青少年登上过流动宣传车学习金融知识，这间 "流动金融教室" 每到一处都受到了当地青少年热烈的欢迎。

在 Visa 的支持下，中国扶贫基金会与中和农信在内蒙古农村开展面向农牧民的金融教育培训

在精准扶贫的号召下，Visa 联合中国扶贫基金会与中国金融教育发展基金会，于 2016 年 1 月在大兴安岭南麓连片特困区（覆盖黑龙江省、吉林省和内蒙古自治区 33 个国定贫困县）共同启动了"普惠金融与教育国际示范区"项目，目标探索建立符合中国国情、助推普惠金融发展的试点项目，支持东北老工业区振兴计划，为更大范围的经验复制和产品创新提供借鉴与思考。

普惠金融项目开展至今，普惠金融及教育国际示范区项目在大兴安岭连片特困区稳步开展。截至 2018 年 6 月底，面向不同群体开展的能力建设与金融教育活动已惠及 4160239 名农牧民、134698 名基层领导干部、287956 名中小学生、120394 名金融机构从业人员。项目推出的金融教育微信公众号以接地气的方式传播数字金融知识，受到农牧民的广泛好评。

全域调研：让金融惠民政策活起来

为了更好地了解示范区内农村普惠金融发展的现状，为项目开展的各类能力建设活动提供借鉴与参考，Visa 分别于 2016 年 6 月赴吉林，2017 年 6 月赴黑龙江、内蒙古开展了基于需求端的基线调研。在中国人民银行相关分支机构的指导与支持下，深入自然村一级开展了面向农牧民的问卷调查和深度访谈，共获取 3010 份有效问卷，形成了《大兴安岭南麓连片特困区及周边县市农村居民金融能力现状分析报告》。研究发现涵盖数字金融使用能力、融资能力、家庭金融管理与决策能力以及金融教育四方面，并提出了有针对性的对策建议。这份报告对贫困片区农村普惠金融发展的决策制定以及强化金融在扶贫攻坚中的作用与效果产生了积极影响。

普惠金融的排兵布阵，需要多方合作。作为联合发起人，Visa 于 2016 年 8 月支持成立了中国人民大学中国普惠金融研究院，从倡导、研究、能力建设与传播等多个维度推动中国普惠金融政策与实践的发展。在 Visa 的支持和参与下，研究院先后发布了《普惠金融国家发展战略——中国普惠金融发展报告（2016）》、《中国农村普惠金融发展简报（2016）》、《普惠金融国家发展战略——中国普惠金融发展报告（2017）》以及上文提到的《大兴安岭南麓连片特困区及周边县市农村居民金融能力现状分析报告》。

此外，在2016年，Visa先后在G20全球普惠金融合作伙伴（GPFI）会议、中国国际普惠金融论坛、首届中国财经素养教育高峰论坛以及吉林省农村金融改革论坛等场合分享Visa的国际经验、本地洞见与政策建议。

Visa携手中国农业银行在吉安、红安两地举办了"普惠金融及教育国内外经验交流会"，邀请地方政府及基层金融机构同行，就地方普惠金融发展的进展、机遇与挑战展开交流和探讨。Visa与中国农业银行从自身经验出发，分享了普惠金融及教育的国际与国内洞见，并邀请专家学者解读中国农村普惠金融发展现状以及介绍国内农村金融改革的最佳实践，以提升基层金融机构从业人员及涉农干部的能力建设，促进地方相关政策与实践的进一步发展，助力革命老区实现脱贫以及经济发展。

2018年3月，Visa与中国国务院发展研究中心签署研究项目合作备忘录。双方同意基于各自优势，开展数字普惠金融的相关研究，探索利用数字技术创新促进普惠金融发展，助力中国在2020年打赢脱贫攻坚战。根据备忘录，双方将从供给侧和需求侧入手，对中国普惠金融发展现状、面临的挑战和机遇，以及数字技术对金融产品服务的支撑作用展开分析和研究，整合国内外最佳实践与经验，共同探索推进普惠金融和精准扶贫等工作。这项合作是基于中国"十三五"规划、国务院《推进普惠金融发展规划(2016–2020)》以及Visa公司对世界银行"2020全球普惠金融倡议"的承诺而建立的合作项目。

备忘录签署协议会上，国务院发展研究中心副主任王一鸣表示，与Visa的合作研究将针对我国数字科技驱动下的普惠金融发展，特别是普惠金融助力脱贫攻坚进行理论和实践探索。

Visa 公司首席执行官艾克礼 (Mr. Al Kelly) 同时表示，储蓄账户、贷款、保险和数字支付等金融产品与服务在推动经济繁荣与社会的可持续发展过程中发挥着重大作用。中国在这方面已经取得了有目共睹的成就，并正在引领世界的脚步。"Visa 与国务院发展研究中心的合作有助于发挥各自优势，利用数字创新的成果和全球经验，推动中国的普惠金融和乡村振兴事业的发展。Visa 将与国务院发展研究中心紧密合作，借鉴国际经验，探索符合中国国情的解决方案。"

据悉，Visa 在全球范围开展了一系列普惠金融工作，足迹包括墨西哥、埃及、美国、多米尼克和中国。通过联合当地政府和业界伙伴，Visa 开展的普惠金融项目已取得了阶段性的成绩和突破。

Visa 还支持或参与发表了 6 篇研究报告与 1 篇政策白皮书，对中国普惠金融领域的政策制定和发展方向贡献了重要的观点和独特的借鉴价值。

Visa 公司大中华区总裁于雪莉在与中国金融教育基金会举办的扶贫干部金融培训班上致辞

但 Visa 的步伐不止于此，Visa 公司全球普惠金融及合作伙伴关系高级总监汤曼娜认为，在实现普惠金融的进程中，打通'最后一公里'总是更艰难、更昂贵、更耗时。"Visa 始终致力于在全球范围推动金融教育及普惠金融的可持续发展，不断对既有项目进行创新、升级，以进一步拓展社会各界参与的广度和深度。作为行业的领先者，我们将继续借助 Visa 在数字支付和普惠金融领域的国际经验与洞察，联合各界伙伴，一同探索符合中国国情的解决方案，从而推动中国普惠金融的可持续发展。"

为进一步加大金融教育和能力建设的力度，促进中国普惠金融的可持续发展，Visa 与中国普惠金融研究院共同宣布与美国 DFI 数字前沿研究中心（Digital Frontiers Institute）联合推出"Visa 数字普惠金融奖学金计划"。该计划面向普惠金融领域的政策制定者、监管者、研究人员及行业从业人员等，为其提供国际数字金融与普惠金融认证课程，从而提高其金融专业知识与技能。2018 年 8 月底，经考核与评审产生的 100 名 Visa 奖学金学员，已参与到为期 12 周的认证课程的学习中。

Visa 大中华区总裁于雪莉表示："Visa 很荣幸能参与到中国脱贫攻坚这项伟大的事业中去，并借助自身的资源、技术与平台推动普惠金融与金融教育在中国的更好发展。希望我们的实践能为企业参与脱贫攻坚提供思考与借鉴。"未来，Visa 希望继续开展普惠金融及教育工作，帮助提高干部及基层金融从业人员的能力建设，为贫困地区群众尤其是农牧民与青少年普及金融常识和技能，推进"造血式"扶贫，也将从根本上转变扶贫对象的观念，使其逐步建立运用金融知识和科技手段，实现收入的增长和生活水平的提高，最终，能够帮助基层厘清发展思路，催生发展动力，支持经济增长，促进就业，消除贫困。

2018 年 1 月，Visa 获得由中国扶贫基金会授予的"脱贫攻坚协作交流会"发起单位，2018 年 3 月，获得由中国扶贫基金会于 2017 年捐赠人大会上颁发的"突出贡献奖"。

中航信托股份有限公司

中航信托股份有限公司是经原中国银监会批准设立的股份制金融机构，由特大型央企中国航空工业集团公司及境外战略投资者新加坡华侨银行等共同发起组建，是中国航空工业集团公司旗下金融板块的重要成员单位，也是属地在江西南昌的独立法人金融机构。公司成立8年多来，始终秉承"航空报国 强军富民"的宗旨，不忘初心、砥砺奋斗，从零开始，发展成一家存续管理信托资产6500多亿、净资产100多亿、年利润20多亿的信托公司，展业以来累计为投资人创造信托收益近1500亿元。

中航信托凭借多年的努力经营和公益实践，连续三年获评中国信托业协会最高评级A级，2017年获评主体信用AAA评级，多次获得"中国优秀信托公司""最具竞争力信托公司""中国公益企业"等荣誉称号。

为贫困地区"托"起希望

——中航信托多策并举打造信托扶贫模式

国务院 2018 年发布的《打赢脱贫攻坚战三年行动的指导意见》指出，未来 3 年，还有 3000 万左右农村贫困人口需要脱贫，任务十分艰巨。要加强精准脱贫攻坚行动支撑保障，其中之一是加大金融扶贫支持力度。

根据"慈善中国"公开信息统计，截至目前，慈善信托备案 106 单，信托财产总规模达 16.5 亿元，两年时间交出了"过百单、超十亿元"的优秀答卷，慈善信托呈现蓬勃发展的良好态势。其中，以精准扶贫为信托目的的慈善信托有 28 单，包含扶贫济困目的的慈善信托有 21 单，合计占比达 46.2%。可见，现阶段扶贫济困是慈善信托设立的主要目的。

脱贫攻坚战打响以来，中航信托通过充分发挥信托制度优势，运用市场化运作工具，积极履行社会责任，弘扬慈善正能量和受托人文化，充分彰显慈善和信托的政治意义和社会价值。

"信托项目＋精准扶贫"：科技金融促进传统扶贫产业升级

产业是发展的根基，是脱贫的主要依托。党中央、国务院高度重视产业扶贫工作，把产业扶贫作为扶贫攻坚的重点任务全力推进。在长期的扶贫实践中，中航信托得出一个结论，产业扶贫从根本上讲是一种经济活动，这就决定了市场经济的属性和产业经济的特点，需要科学合理的资源配置与投入，应有产出和效益，而且它背后还隐藏着比较大的市场风险，甚至是自然风险。

因此，中航信托在参与扶贫工作中，注重选择适合当地发展的产业，突出特色，向特色要生产力、要竞争力。同时要抓住市场需求，大力推进农业供给侧结构性改革，在做优、做精、做特上下功夫，突出现代化发展的基本趋势。突出融合，因地制宜发展农产品加工，延长产业链价值链，不断推动一二三产业融合发展。

近年来，中航信托与长三角研究院深入合作，在服务国家战略和区域经济的同时，利用金融科技和大数据分析，围绕长三角研究院"精准营养生猪养殖"和"新型猪粪处理"两大核心技术，在贫困地区推广模块化高效循环养殖扶贫模式，建立特色生猪养殖产地，贫困户以入股和参与工作方式获取丰厚报酬。

此外，中航信托与唯你网合作，利用"互联网＋肉牛养殖＋产业金融"的模式，对肉牛养殖各环节进行改造和优化，实现对肉牛全生命周期的精细化喂养和管控，同时，解决肉牛养殖户无抵押、无担保、低信用的贷款难题，以肉牛作为活物资产，实现资产的实时风控，并有针对性地提供场景化的供应链金融服务，实现传统银行较难实现的肉牛养殖产业金融服务模式。

站在科学发展及贫困地区现实状况的基础上看，改变内在因素是贫困地区实现脱贫致富的关键。为此，中航信托针对农村贫困地区产业基础薄弱、发展不易、产业化效果不明显等实际情况，努力在农业产业链上实施精准"造血"扶贫。

"业务模式＋精准扶贫"：大力发展扶贫慈善信托

"信托是什么？"2015年，当中航信托走进位于罗霄山脉深处的江西省永新县曲白乡浆坑村的时候，在这里世代居住的村民第一次听到了"信托"这个词，但如今，他们的生活已经和这家与"信托"有关的公司紧密相连。

中航信托创新提出平台化发展慈善信托模式，自2016年9月《慈善法》颁布以来，公司已经先后在航空、扶贫、绿色生态领域成功设立了4单慈善信托。其中，在国内首创"共同受托人"慈善信托模式，与中国扶贫基金会合作先后发起设立了"中航信托·中国扶贫慈善信托"和"中航信托·中扶贫临洮百合百家扶贫慈善信托"两单扶贫领域的慈善信托，总规模130余万元。

2017年3月，中航信托与中国扶贫基金会合作设立的中国扶贫慈善信托启动仪式发布会

2016年，中航信托首单成立的"中航信托爱飞客公益慈善信托"，不仅通过爱飞客公益基金会深入新疆伊犁和阿勒泰牧区学校开展"情暖北疆、

放飞梦想"公益扶贫行动，向北疆贫困学生捐赠价值 14 万元的各类物资，还为江西省横峰县港边乡何家村的"精准扶贫蔬菜大棚基地计划"、基础设施建设等投入 60 万元，帮助何家村发展精准扶贫特色产业，带动何家村贫困户走上勤劳致富、自主脱贫的道路。

2017 年 1 月姚江涛董事长（前排右一）赴定点帮扶点浆坑村走访慰问贫困户

2017 年，中航信托通过设立"中航信托·中国扶贫慈善信托"的方式，出资 65 万元帮助浆坑村建设发展黄桃产业基地，成立了"曲白乡浆坑村航信黄桃种植产业合作社"，村集体和全村 29 户贫困户以土地入股、村干部以现金入股、管理员以技术和现金入股共同创建的扶贫产业基地，在管理维护上，技术能人作为管理员和村干部共同发挥主导作用；在扶贫效果上，可实现多方受益。经过县、乡、村及合作社贫困户近 3 年的辛勤努力，113 亩黄桃果园如今长势喜人，2018 年 7 月第一批栽种的 400 多棵果树正式下果，实现产量近 10000 斤，实现销售额近 10 万元；进入盛果期后，该基地可为全村 29 户贫困户户均每年增收 5000 元以上，为村集体经济增收 15 万元以上。

2018 年 3 月 16 日，中航信托路中扶贫临洮百合百家慈善信托成立暨金融扶贫创新合作及捐赠签约仪式在甘肃临洮举行。该扶贫慈善信托由中航信托发起，联合中国扶贫基金会作为共同受托人、北京六明律师事务所作为监察人的精准扶贫慈善信托，目前已完成中国信托登记公司登记并经南昌市民政局成功备案。

据介绍，该信托将慈善目的和信托财产运用聚焦临洮深度贫困村的百合种植特色产业，采取慈善资金入股合作社的方式，折股量化给贫困村及贫困户，开发"合作社 + 能人 + 贫困户"的多方主体共建模式，慈善信托所持股权及收益由参与合作社的全体农户共同分享，充分调动农户积极性，实现发展式脱贫和造血式帮扶，初始慈善信托资金规模 30 万元。

此外，在临洮县的百合销售端，中航信托还发起爱心助销倡议，每销售 1 斤百合，参股农户即可获得 1 元钱分红收入，真正实现扶贫到家、农户受惠。

"资源整合 + 精准扶贫"：整合资源助力脱贫攻坚

充分运用金融工具助力精准扶贫，对于中航信托来说既是贯彻党中央国务院重大决策部署的具体行动，也是切实履行央企社会责任的重要举措。为此，在监管部门的引领下，中航信托充分发挥信托机构的独特功能和作用，通过对接基础设施建设、涉农产业发展的金融需求，打造农产品供应链金融，发展慈善信托等多种方式、多种渠道实施金融精准帮扶，为贫困地区实现脱贫攻坚目标任务做出了应有贡献。

"想致富先修路"。作为信托机构，基础设施建设是中航信托的优势业务领域。近年来，公司根据贫困地区基础设施建设滞后的实际，与江西各级政府融资平台及央企建筑商合作，以贷款、投资建设等形式，通过发行集合资金信托计划，广泛筹集社会个人及机构闲置资金，服务政府在基础设施、民生工程等领域的开发建设。截至2015年底，中航信托在江西省内基础设施项目总投资金额超过300亿元，为10余个县市区地方政府平台提供资金支持。

作为政府与社会资本为提供公共产品合作关系的模式，PPP被视为充分调动社会资金发展基础设施建设的重要手段。2015年，中航信托联合银行、政府平台等机构合作设立"绿色兴赣PPP产业投资基金"，通过产业基金聚集社会资金支持江西地区市政基础设施建设、高速公路建设、政府PPP项目、棚户区改造项目、旅游文化产业等各类项目。该基金拟设立规模100亿元，其中保险资金原则上不低于60%的比例，将实现险资入赣的实际落地。与传统信贷相比，产业投资基金资金来源更稳定、投资期限更长，可以有效解决江西省PPP项目及其他急需重点建设项目存在的融资难、政府融资成本高等问题。项目成立后能够显著改善江西地区的基础设施条件，为江西实现扶贫攻坚目标打下坚实基础。

"在精准扶贫的道路上，央企更要担当重任。"中航信托公司党委书记、董事长姚江涛表示，作为一家央企，更要懂得如何回馈社会，脱贫攻坚为中航信托提供了一个很好的平台。助力打赢脱贫攻坚战，这不仅是时代发展的要求，也是中航信托责任意识的必需。中航信托的进步与成长，都离不开国家战略、政策资源与庞大消费群体的支撑，参与脱贫攻坚，正是饮水思源的好机会。

从2015年开始，中航信托定点帮扶永新县曲白乡浆坑村。中航信托积极配合村支两委，着重做好贫困户"两不愁、三保障"重点工作，通过大力发展"黄桃产业扶贫"和"光伏扶贫"等方式，贫困户的基本生活如"吃、穿"，都得到了较大的进步。"就学、医疗、住房"也都有了长足进步，全村土坯房已经完全淘汰退出、公共卫生环境得到有效整治、街道小巷硬化达到95%，水冲厕达到99%，现在的浆坑村处处干净漂亮、太阳能路灯有63盏，生活垃圾得到有效整治。2017 年浆坑村通过了省级考核验收，2018 年浆坑村通过国家考核验收和第三方评估，提前实现脱贫摘帽的目标。

2016 年 1 月，中航信托发动 412 位爱心员工向黑崖沟祥和基金捐赠现金 32 万元，推动黑崖沟祥和基金依托于北京祥和公益基金会项目专项资金落地，通过光伏养老爱心工程安装 150kW 光伏设备，预计每年所得收入 20 万元，预计可为近 200 位老人每人每年增加纯收入 1000 元，持续到 2025 年，助力缺乏劳动能力的贫困人口稳定脱贫。

2017 年 12 月，中航信托通过带动战略合作伙伴红星美凯龙、中国天楹等企业共同参加"责任消费"的方式，积极支持中国扶贫基金会的"舒兰扶贫水稻"项目，总计"责任消费"舒兰大米近 20 万斤，为舒兰市平安镇双河村 37 户贫困户实现增收 3000 多元。

"倾注爱心 + 精准扶贫"：阻断贫困代际传递

习近平总书记强调，要推进教育精准脱贫，重点帮助贫困地区子女接受教育，阻断贫困代际传递，让每一个孩子都对自己有信心、对未来有希望。殷切希望，催人奋进。从 2013 年起，中航信托将萍乡市上栗县鸡冠山乡中心小学作为定点资助学校。5 年来，中航信托吴大观志愿者们一对一帮扶了 50 多位贫困孩子，每年定期为贫困学生捐赠助学金，并且根据贫困学生身高、年龄等信息准备包括图书、文具、衣服等学习生活用品在内的"一对一爱心礼包"，无论是图书、玩具、衣服或是鞋子，对孩子们来说都是一份来自社会的温暖和关怀。

除常规一对一帮扶外，中航信托先后发起"蓝色方舟"志愿活动，为学校更换了 150 张课桌椅；持续捐赠书籍，充实学校图书室的读物；为学校 3-6 年级建设班级图书角；组织开展"我的航空梦"主题绘画比赛；为患白血病和先天性心脏病的孩子筹集医疗款等等，无论是图书、玩具、衣服或是鞋子,对孩子们来说都是一份来自社会的温暖和关怀。

2017 年 12 月,中航信托走进四川省阿坝州红原县查尔玛乡,开展"关爱红原"捐赠活动,向当地 50 余户贫困牧民、学生和中心小学捐赠了 1000 余件旧衣、600 套学生冬衣和 1000 册图书,并资助困难学生学费。2018 年 2 月,中航信托组织开展第二季"关爱红原"衣物捐赠活动,得到公司领导和全体同事的大力支持,短短 2 周时间,共有 166 人参与,捐赠衣物 1634 件,书籍文具等其他物品 132 件,合计捐赠物品 1766 件,人均捐赠物品近 11 件。

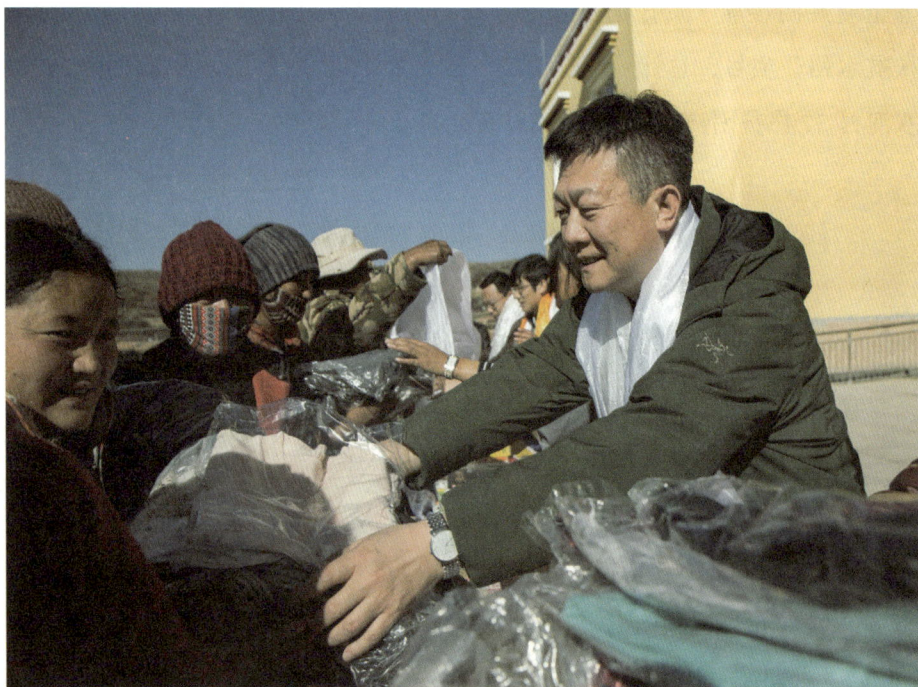

2017 年 4 月,中航信托员工赴四川省阿坝红原开展爱心捐赠活动

2017 年 9 月,中航信托组织 44 名员工组成 11 支队伍参加了 2017 年北京善行者公益徒步活动,公司董事长、总经理充分发扬中航信托"智信仁勇 知行合一"的企业精神,带领 11 支队伍客服重重困难,从清晨徒步到第二天凌晨,凭借坚定的信念和顽强的意志力,11 支队伍全部成功完成

50KM 的徒步挑战，为贫困地区儿童筹得爱心善款 56229.55 元。2018 年 4 月，中航信托再次"与爱携手 为爱前行"，组织 45 支客户＋员工队伍，共计 180 名队员，参加成都善行者 50KM 公益徒步活动，为贫困地区儿童筹款 381947.61 元。

2018 年，中航信托组织员工参加善行者公益徒步活动

大道无形，大爱无疆。一路走来，中航信托始终把企业的命运同国家的命运联系在一起。在 2017 年新员工授牌仪式上，中航信托党委书记、董事长姚江涛说道："我希望大家能够树立崇高的理想信念，忠诚于祖国、忠诚于事业、忠诚于自己的选择，在为理想奋斗的过程中，彰显生命意义与人生价值。"不忘初心，砥砺前行。未来，中航信托将牢记自己的责任和使命，坚持自己的信念与梦想，承担起价值创造的社会责任和脱贫攻坚的历史重担，为祖国的脱贫事业添砖加瓦。

中国银行业协会

中国银行业协会成立于 2000 年 5 月，是经中国人民银行和民政部批准成立，并在民政部登记注册的全国性非营利社会团体，是中国银行业自律组织。2003 年中国银监会成立后，中国银行业协会主管单位由中国人民银行变更为中国银监会（现已更名为"中国银行保险监督管理委员会"）。截至 2018 年 1 月，中国银行业协会共有 656 家会员单位、35 家观察员单位、31 个专业委员会。

自成立以来，中国银行业协会始终以促进会员单位实现共同利益为宗旨，履行自律、维权、协调、服务职能，维护银行业合法权益，维护银行业市场秩序，提高银行业从业人员素质，提高为会员服务的水平，促进银行业的健康发展。

汇聚金融扶贫力量

——中国银行业协会携会员单位助力脱贫攻坚工作纪实

到 2020 年全面打赢脱贫攻坚战，是党对人民做出的庄严承诺。金融扶贫作为助力打赢脱贫攻坚战的重要手段之一，是推动全面建成小康社会的重要组成部分。

中国银行业协会作为中国银行业的自律组织，目前已有包括开发性金融机构、政策性银行、国有大型商业银行、邮储银行、股份制商业银行、金融资产管理公司、城市商业银行、民营银行、农村商业银行、农村信用社、村镇银行等共计 656 家会员单位、35 家观察员单位、31 个专业委员会。自党的十八大以来，中国银行业协会始终将脱贫攻坚当作一项重要的任务来抓，借助会员单位众多的优势，号召各会员单位积极履行各项金融扶贫职责。

破局——打通扶贫信贷"最后一公里"

党的十八大以来，习近平总书记把脱贫攻坚摆在治国理政突出位置，就扶贫开发提出了一系列新理念新思想新战略，为做好脱贫攻坚工作提供了重要的方向性指引和操作性指南。党的十九大形成了马克思主义中国化的最新理论成果即习近平新时代中国特色社会主义思想，成为全党各项工作的指导思想和行动指南。中国银行业协会把学习好、贯彻好、落实好习近平总书关于记扶贫开发重要论述作为一项重要政治任务，认真履行社会责任，创新机制、措施，大力动员银行业积极参与金融扶贫，切实发挥金融机构在金融扶贫中的主力军作用。

中国银行业协会组织新闻媒体到贫困地区采访

但在实际工作中，金融扶贫与一般的金融业务有很大区别。一方面，金融扶贫的成本比较高，贫困地区往往距离远、人口分散、每笔贷款的额度都比较小，金融机构的人力物力投入都会比较多；另一方面，风险比较大，贫困户缺少经营经验，并且缺少可变现的抵押物，一旦经营活动失败，贷款安全难以得到保障。因此，金融机构往往缺少扶贫的积极性。如何使金融扶贫真正落地？如何提高金融扶贫的"精准度"？针对这些问题，中国银行业协会做了一系列探索。

安徽省农村信用社联合社作为中国银行业协会会员单位，自党的十八大以来，在中国银行业协会的动员指导下，带领全省农商银行系统以扶贫小额信贷为抓手，加大信贷投入，狠抓创新落实，有效防控风险，阶段性成效显著。

如何保证贫困群众 "应贷尽贷"？从 2016 年开始，在中国银行业协会的指导下，安徽省农村信用社联合社带领各地农商银行加快实施对建档立卡贫困户的 "全覆盖"评级、"网格化"管理和 "一对一"服务，集中政策、资金和项目资源，形成了 "统起来抓、分开来做"的工作机制，多次深入基层一线调研指导、破难攻坚、纠错纠偏，保持工作力度、推进速度和措施准度。目前，累计精准对接贫困户达 105 万户，已授信 72.53 万户，授信率接近 70%，基本做到了不留空白、应贷尽贷。

在中国银协指导下安徽省农村信社全方位地到贫困地区群众提供金融服务

为能有效、全方位地为贫困地区群众提供金融服务，我国银行业推行了以小额扶贫信贷为主的各项金融扶贫政策。但身处信息闭塞的贫困地区的群众对各项金融政策不了解，导致他们守着好政策却不能让这些政策为他们服务。为此中国银行业协会推行了 "普及金融知识万里行"下乡活动。

安徽省农信社联合社积极响应，统一制作扶贫小额信贷 "明白纸"，在各农商银行集中投放了超过 90 余万份，将信贷政策和经办信贷人员姓名、联系方式等张贴到网点、公示到村部、送达到农户，确保贫困户 "家家知晓、人人明白"。定远县农商银行则在发放省农商行统一口径的"明白纸"的同时，将新推行的各项"小额扶贫贷款"产品信息制作成宣传折页，在网点营业厅、村两委等场所宣传，让农户充分了解产品信息。

除此之外，安徽省农信社联合社还针对贷款发放过程中存在的"堵点"，精心绘制了一套"流程图"。将扶贫小额信贷分为直接支持型和间接带动型，分别制定贷款流程图，简化贷款手续，减少办贷节点，实行限时办结，大大提高了办贷效率。同时，将扶贫小额信贷借款人年龄上限由原60周岁放宽至65周岁；针对贫困户夫妻双方有一方因外出务工等原因无法同时现场签字问题，将贷款合同由"夫妻双签"调整为"可以一方单签"。办贷流程的明确，大大提高了贫困群众贷款积极性。

截至目前，中国银行业协会连续8年组织全国银行业金融机构举办"普及金融知识万里行"下乡活动，每年由多个主题月活动组成，共涵盖26个主题，向社会公众普及重点热点金融知识，有效将金融知识送到了边远落后贫困地区和广大银行消费者身边。自2011年以来，全行业组织金融知识普及活动累计达160万场次，派出宣教人员累计达570多万人次，发放宣传资料近5.4亿份，受众达10亿人次。

而有意愿缺资金、有资金缺劳力、有劳力缺项目是农村地区创业面临的一大困境。针对这一问题，中国银行业协会充分发挥人缘地缘优势，积极作为，多方对接。特别是"户贷企用"模式叫停以后，中国银行业协会指导安徽省农信社联合社推出的"四带一自"和"一自三合"产业扶贫模式（四带一自：园区带动、龙头企业带动、农民合作社带动、能人大户带动，贫困户自种自养。一自三合：户贷户用自我发展、户贷户用合伙发展、户贷社管合作发展、户贷社管合营发展）在贫困户自愿和参与两项原则基础上，创新利益连接方式，强化配套措施跟进，发挥优势互补作用，有效推动互助脱贫、合作脱贫，形成了"政银联动、风险共担、多方参与、合作共赢"的扶贫信贷投放新模式。

从普惠金融相关统计数据看，截至2017年6月末，全国银行业金融机构涉农贷款余额 30 万亿元，占各项贷款余额的 25.2%，同比增长 9.9%，其中农户贷款余额 7.7 万亿元，同比增长 15.2%。银行业扶贫小额信贷余额 2038.4 亿元，支持建档立卡贫困户 486.1 万户，农村基础金融服务已覆盖 54.43 万个行政村，覆盖率达到 97.3%，银行业网点覆盖率达到 96%，基本实现了"乡乡有机构、村村有服务"的目标。小微企业贷款余额达到 28.6 万亿元，同比增长 14.7%，约占全部贷款的 25%，贷款户数 1417.2 万户，申贷获得率达 94.7%，实现"三个不低于"目标。有学者研究指出，世界上少有国家和地区，小微企业贷款余额占全部贷款的比重超过 20%。中国银行业在解决融资难、融资贵这个世界性难题方面独树一帜，做出了自己的努力和贡献！

发力——全面小康的"国银"行动

消除贫困实现共同富裕，是社会主义的本质要求，是中国共产党人的伟大使命。中国共产党和中国政府历来高度重视扶贫工作，新中国成立特别是改革开放 40 年来，中国共产党带领全国人民矢志不渝、接力奋斗，走出了一条中国特色扶贫开发道路，取得了举世瞩目的扶贫成就，创造了人类减贫史上的中国奇迹，加速了世界减贫进程。这既是中华民族进步的重要标志，也是对人类发展进步做出的卓越贡献。

与祖国同呼吸，与人民共命运。中国银行业协会秉承协会本色，积极履行社会责任，坚守大爱，回馈人民，扎实推进扶贫济困工作，树立了银行业的扶贫新标杆，唱响"国银扶贫"好声音。

脱贫攻坚以来，中国银行业协会党委把定点扶贫（甘肃省和政县、临洮县、和政县属于"三州三区"范围）工作作为重要政治任务，专题研究、专门部署、专项落实。成立跨单位跨部门的"中银协扶贫攻坚领导小组"和"扶贫攻坚工作办公室"，中国银行业协会党委书记、专职副会长潘光伟同志高度重视定点扶贫工作，亲自担任定点扶贫工作领导小组组长。

为积极推进普惠金融国家战略，履行好农合机构在普惠金融建设中的社会责任，树立农合机构普惠金融服务标杆，示范带动全行业不断夯实基础金融服务质效，中国银行业协会于 2017 年首次组织开展了农村合作金融机构"支农支小"服务示范单位评估，并宣传推广"支农支小"示范单位的先进事迹、典型经验等。

同时，中国银行业协会突出工作重点，聚焦深度贫困地区，聚焦重点任务，确保有的放矢、精准发力。近年来，中国银行业协会累计向甘肃省捐赠资金 260 万元，由其根据相关规定和自身实际情况支配扶贫资金。其中 2010 年捐赠 100 万元，2012 年、2013 年分别捐赠 50 万元，2018 年捐赠 60 万元。

脱贫攻坚是在最薄弱的地方做最精准的事情，最关键的因素是人，最迫切需要解决的是干部能力不足问题。为此，中国银行业协会发挥自身优势，积极参与甘肃省"干部能力素质培训工程"，为帮扶地区提供了免费参加各层级和各业务条线专业培训的机会。在 2017 年举办的 25 期银行业培训项目中，均为包括甘肃省在内的西部贫困地区提供了送学上门或减免培训费的帮扶政策。一年多来，协会在新疆、甘肃、四川共举办了 8 期培训项目，主题包括：新常态下中国经济发展的展望、内控与稽核、贷后管理及不良资产处置、人力资源管理、培训管理等，总共为来自西部贫困地区的各银行业金融机构的约 450 名业务骨干提供了免费参训和学习的机会。

距离打赢脱贫攻坚战，全面实现小康已不到三年时间，时间紧、任务重！中国银行业协会切实扛起了社会责任，为脱贫攻坚贡献智慧，凝聚力量。"古人云：天下事有难易乎？为之，则难者亦易矣；不为，则易者亦难矣。发展普惠金融需要银行业与社会各界共同努力，需要借鉴国际经验与体现中国特色相结合，需要政府引导与市场主导相结合，需要完善基础金融服务与改进重点领域金融服务相结合。中国银行业协会愿与社会各界携起手来，众人拾柴把普惠金融之火烧起来，共同推进普惠金融事业的发展。"

东西协作与定点扶贫

东西协作扶贫：变"输血式扶贫"为"造血式扶贫"

　　1996 年党中央、国务院做出开展东西扶贫协作的重大战略决策。福建省委、省政府迅速成立由时任福建省委副书记习近平任组长、19 个省直机关为成员单位的对口帮扶宁夏领导小组，开启了我国历史上的第一个东西扶贫协作与定点帮扶的篇章。

　　此后，两省对口扶贫协作工作不断创新形式、拓展领域、丰富内容，开创了优势互补、长期合作、共同发展的良好局面，建立了政府、企业、社会共同参与的协作机制，树立了东西扶贫协作成功实践的典范。

　　20 年来，我国东西部开展多层次、多形式、宽领域、全方位的扶贫协作，参加扶贫协作的各省逐步摸索出了一条以政府援助、企业合作、社会帮扶、人才交流为主要内容的东西扶贫协作道路，扶贫协作取得明显成效。

　　据统计，1996 年至 2014 年，东部各省市共向西部贫困地区投入财政援助资金 118.2 亿元，引导企业实际投资 1.2 万亿元，实施合作项目 8 万余个，帮助西部地区输出劳务人员 664.3 万人次，实现劳务收入 538.3 亿元。为促进交流合作，双方领导考察互访 8.8 万人次，其中省级 5160 人次；东部地区共为西部贫困地区培训各类人才 55.7 万人次，引进各种科技实用技术 3072 项。

　　同时，我国东西扶贫协作也由刚起步时东部单向帮扶西部，拓展为在对口帮扶框架下东西部双向互动、共同发展、实现共赢；由最初主要是政府间的援助行为拓展为各类市场主体的共同参与，再发展到包括各类社会团体、民间组织、爱心人士在内的社会各界多形式、宽领域的广泛参与，形成了"闽宁模式""沪滇模式""浙川模式""甬黔模式""两广模式"等成功范例。

东西部扶贫协作和对口支援工作的重大意义，远不止于经济和物质两个层面。以东部发展优势弥补西部发展短板，以东部先发优势促进西部后发崛起，变"输血式扶贫"为"造血式扶贫"，不仅成为缩短东西部差距的加速器，更激活了西部自身发展的内生动力，奋起直追，进而力争实现跨越式发展。同时，"东西部扶贫协作和对口支援"扶贫模式，是中国特色社会主义制度优越性的具体体现，无疑为全世界解决贫困问题提供了"中国方案"，展示了"中国智慧"。正如习近平总书记所言，"这在世界上只有我们党和国家能够做到，充分彰显了我们的政治优势和制度优势"。

刘丰梅　中国老区建设促进会理事、医委会副主任，国家智慧分级诊疗大数据中心秘书长，中科院科技成果转化中心创新研究院副院长，《中国医联体建设与健康扶贫蓝皮书》主编。

中国第一汽车集团有限公司

　　中国第一汽车集团有限公司（以下简称"中国一汽""一汽"），是国有大型汽车企业集团，总部位于吉林省长春市，员工人数 15.1 万人。2011年 6 月 28 日，根据国务院国资委的要求，中国一汽进行重组，成立中国第一汽车股份有限公司。2017 年 12 月 14 日，根据国务院要求，经国务院国资委批准，中国第一汽车集团公司进行了公司制改制，并变更了名称、类型和注册资本。改制后，原中国第一汽车集团公司名称变更为"中国第一汽车集团有限公司"，英文名称为 China FAW Group Co.,Ltd.，中文简称"中国一汽"，英文简称"FAW"。

　　一汽股份有限公司作为集团公司的控股子公司，拥有红旗、解放公司等自主企业，一汽－大众等中外合资企业，以及在产品开发、工艺材料开发方面居国内汽车行业领先水平的技术中心。截至 2017 年，中国一汽资产总额4,367.8 亿元，现有产能 354 万辆；实现营业收入 4,699 亿元，实现利润418 亿元，上缴税金（国税及地税）535.6 亿元；销售汽车 334.6 万辆，同比增长 7.7%，销量居全国汽车集团第 3 位，集团公司连续获得国务院国资委央企业绩考核 A 级；自 2005 年起，中国一汽连续多年进入"世界 500 强"，2017 年排名第 125 位。

　　为积极领会责任，中国一汽全面深入学习领会党的十九大精神，认真贯彻落实党中央、国务院决策部署，做强做优做大主业，积极履行社会责任，深入开展脱贫攻坚、对口援藏工作，为进一步加快贫困地区脱贫致富进程、推动有关地区经济社会发展加大马力，做实基础。

中国一汽：践行央企担当，为脱贫攻坚加大"马力"

打好打赢脱贫攻坚战，事关全面建成小康社会、事关人民福祉、事关巩固党的执政基础，不折不扣完成脱贫攻坚任务，既是全党的重要使命，也是中央企业义不容辞的社会责任。按照国家新一轮扶贫开发工作的总体要求，中国一汽定点扶贫广西凤山县、吉林镇赉县、吉林和龙市，并承担对口援助西藏自治区的昌都市左贡县、芒康县等扶贫援藏任务。定点帮扶工作开展以来，中国一汽发挥自身优势，在实际帮扶工作中提高站位，把好"方向盘"；强基固本，筑牢"底盘"；发展产业，提升"马力"；智志双扶，培养"好司机"。

中国一汽的帮扶，为贫困地区脱贫攻坚加大"马力"，跑出"加速度"。

提高站位——把好"方向盘"

发起总攻，决战贫困，首先要确保方向对路。如何确保集团定点帮扶工作方向精准、措施精准，集团领导做出了不懈探索。

谈及集团定点帮扶工作方向问题，中国一汽董事长徐留平很明确，"中国一汽认真学习、深入领会习近平总书记关于脱贫攻坚的系列重要讲话精神，把脱贫攻坚任务纳入公司'十三五'全集团的战略规划。现阶段中国一汽已将社会责任和环境责任提升到前所未有的战略高度。明确了脱贫攻坚的领导体制、重点任务、项目安排和资金预算，把脱贫攻坚列入公司党委常委会和总经理办公会固定议题，保证扶贫相关工作第一时间决策部署；同时围绕脱贫攻坚建立了三级会议体制和专项报告体制。"

精准方向，需要集团党委班子提高站位，这样才能确保集团在脱贫攻坚上管大局、保落实。为此，中国一汽党委班子带头强化脱贫攻坚提高政治站位，将脱贫攻坚工作融入战略、融入决策、融入生产运营，并严格组织落实企业"十三五"社会责任规划，突出精准帮扶"双覆盖"，即扶贫调研任务覆盖全体班子成员，扶贫调研对象覆盖全部对口帮扶县。

为确保"方向盘"是否精准，多年来，集团公司领导班子成员连续多次到定点帮扶县进行实地调研，查看研究精准帮扶项目进度、资金落实等情况。2017年时任集团公司党委书记、董事长徐平，2018年集团公司党委副书记、副总经理秦焕明等领导分别带队到对口帮扶地区进行扶贫实地调研，通过看实情、问冷暖、听心声，慰问建档立卡贫困户，与当地干部群众交流脱贫攻坚进展情况，分析存在的突出问题，集中研究破解深度贫困之策。中国一汽高层领导的调研不仅加大了对对口帮扶县帮扶力度，而且及时发现问题纠正"方向"，把当地的扶贫工作向"六个精准"进一步推进。

除了集团高层推动，集团上下纷纷行动，向对口帮扶地区选精派优，扎根基层，投入扶贫。

新立村位于吉林省白城市镇赉县西侧7.5km处，全村分为6个自然屯，共670户，2270人。全村贫困人口达到650人，335户，早日实现脱贫致富是当地贫困群众最迫切的愿望。

脱贫工作时间紧、任务重，为了使新立村能够尽快脱贫，自2015年起，中国一汽集团公司组织部先后派选了两位干部(朱忆辉、朴忠国)来担任镇赉县新立村第一书记，引领群众精准脱贫。挂职期间，两位书记在镇赉县各级领导和集团公司的关心、支持帮助下，积极投身到新立村各项工作中，时刻牢记村第一书记的职责任务，从党的基层组织建设入手，重点推动精准扶贫工作，牢记为民办事服务的宗旨，推动完善村民自治机制，为新立村的美丽乡村建设贡献力量。

凤山县虽远在千里，集团3名干部人才主动申请到凤山县挂实职、干实事、担实责，积极推进当地的脱贫攻坚工作，夯实精准脱贫工作基础。2016年挂职至今的一汽干部60多次亲赴项目建设乡村进行现场检查指导工作，确保帮扶工作方向不出错。

经过长期合作实践，集团与地方互访频繁，帮扶机制不断成熟，人员交流日益密切，产业合作更加深入，定点帮扶工作方向更加精准，工作取得了巨大成效。

但徐留平并不满足当前的成绩，"中国一汽将乘党的十九大的东风，保持昂扬向上的精气神，以'踏石有印、抓铁有痕'的钉钉子精神做好扶贫工作，把扶贫工作融入战略、融入决策、融入运营。"徐留平认为，中国一汽目前既要坚持改革发展"振兴一汽，复兴红旗"，也要坚决打好打赢脱贫攻坚战。

强基固本——筑牢"底盘"

用"翻天覆地"来形容凤山县三门海镇央峒村瑶寨屯2013年以来的变化亦不为过。整洁明亮的两层、三层洋楼取代了过去的瓦房、平房，统一规划的畜栏让村民家里不再成"畜牧局"，不仅到镇上的屯级路硬化了，屯里也再无泥土路，还建起了教学楼、操场、文化活动室……

2013年，一汽集团整村推进示范点落户瑶寨。本着缺什么补什么的原则，一汽出资铺就的硬化道路直通到瑶寨屯里，"道路修好了，骑摩托车到镇上不过十来分钟，屯里不少年轻人白天都外出到周边乡镇打工，增加收入，日子也越过越好了"，曾任瑶寨屯屯长的罗银金说。

长期以来，凤山县地处云贵高原南部边缘地带，地势由西北向东南倾斜，山多地少，基础设施和公共服务较为滞后。针对凤山县自然资源条件差、基础设施和公共服务保障水平低、内生动力不足等情况，中国一汽因地制宜，精准施策，积极建设"一汽小镇"，开展整村推进扶贫示范项目，助力全县脱贫攻坚。

一是树立整村推进扶贫示范。每年至少实施一个村，到 2020 年建设 8 个"一汽小镇"示范村，以此指导、带动、辐射全县贫困村扶贫开发。

二是推进环境治理扶贫示范。中国一汽结合当地开展"美丽凤山·生态乡村"活动，从建设扶贫示范点、修路筑堤、改造危房、饮水工程等方面发展提升工程，打通脱贫攻坚政策落实"最后一公里"。中国一汽在凤山县修建了 33 条公路，长达 41 公里，实施道路硬化 17.6 公里，改善了当地群众出行难问题，进一步推动活动向纵深开展。

三是实施整乡推进扶贫示范。2013–2017 年整村推进扶贫开发示范点、产业开发示范点和基础设施建设项目，资金达 3456 万元，占 5 年内一汽扶贫凤山项目资金总量的 75% 以上。

四是抓好旅游扶贫示范。2014 年中国一汽在世界地质公园三门海景区内贫困村建设整村推进旅游扶贫示范点，突出乡村旅游特色，力求打造集观光、度假、休闲、农家乐等富有一汽文化元素为一体的一汽小镇。

三门海镇央洞村瑶寨屯只是中国一汽在凤山县整村推进工作的一个缩影。由于地耕地资源少，农户收入来源单一，基础设施十分落后，瑶寨屯的脱贫摘帽难上加难。为此，集团于 2014 年 3 月 12 日启动整村推进帮扶项目，针对瑶寨屯"住房难、行路难、用电难、上学难、卫生难、养殖难、收入难"问题，中国一汽投入 300 万元开展 "救急难"专项行动。2015 年，该屯的贫困人口发生率从 80.7% 下降到 24.4%。

瑶寨屯的成功让中国一汽认识到，基础设施的历史欠账不还，很难再

中国一汽在对口帮扶县广西凤山县瑶寨屯建设一汽小镇，进一步改善当地新农村和基础设施建设

谈未来的发展。比如坡心村内拥有久负盛名的三门海旅游景区、新开发建设的万寿谷景区和弄蚕旅游扶贫试点基地，虽然有丰富的旅游资源，但由于路、房、电等一系列基础设施建 但基础建设欠账太多，发展旅游面临诸多困难。在中国一汽及当地县委、县政府的共同努力下，2014 年将其作为定点扶贫整村推进旅游扶贫示范点，整合扶贫、交通、住建和旅游部门资源，实现企地资源最佳配置，用 3~5 年把示范点打造成为乡村旅游目的地，让坡心村成为集观光、度假、养生、农家乐为一体的"一汽小镇"。

在中国一汽的帮扶带动下，坡心村"一汽小镇"正凸显成效。据统计，2016 年底，该村建档立卡的 152 户、634 人精准脱贫，整村实现脱贫摘帽。

实践证明，"一汽小镇"项目不但切实改善了贫困村屯的居住环境和生活条件，还极大地提升了当地村民的文明素质。如今，中国一汽在广西凤山建成 5 个"一汽小镇"、吉林镇赍县建成 2 个"一汽小镇"、和龙市建成 1 个"一汽小镇"。

发展产业——提升"马力"

帮扶工作开展以来，中国一汽以扶持产业项目点燃对口帮扶地区扶贫的动力"引擎"，根据当地实际情况，与当地政府一道共同发展特色产业扶贫项目。

多年的贫困让和龙市落后村屯的一些村民们渐生出"等、靠、要"的落后思想。要想改变此种现状，就要让村民有事可干，有事能干，有事愿干，干事挣钱。为此，中国一汽与当地政府合作针对重点贫困村推出了特色产业扶贫项目。

如何让产业项目切实惠及带动贫困群众，中国一汽在模式上做了创新：先期投入专项产业发展资金，由村委会按照每个精准扶贫合作社成员中贫困人口数量拨付。年末合作社利润按六四分红，60%以现金或实物分配给贫困人口，预留40%利润给每个贫困人口追加股份。

中国一汽对和龙市高岭村开展产业帮扶，建设养驴合作社

其中，高岭村主要发展养驴产业，项目资金入股到和龙市顺合鑫牧业有限公司。2015年7月，公司与东阿阿胶集团达成合作协议，在延边州成立唯一指定黑毛驴繁育中心，长期为东阿阿胶集团供应活驴及驴皮资源。公司在中国一汽的帮扶下，不仅在延吉市设立了驴肉批发零售总部，在州内其他县市设立了销售网点，并推进发展"互联网+"发展模式，通过互联网平台面向全国销售。每年年底获得项目效益资金6万元，带动贫困人口151人。

而车厂村主要发展当地木耳等特色产业，不断做大做强以黑木耳为主的食用菌产业，并实行订单农业，带动群众增收致富。延边源创生物科技开发有限公司将在种植技术、经营管理、市场销售等方面为经营户提供无偿帮助与指导，按照"公司+农户+基地"的运行模式，带动贫困农户及附近农村标准化黑木耳基地发展。项目完成后，可带动项目区贫困户500户，同时辐射周边村屯1000户从事菌菇种植，其中已带动贫困人口394人。

金达莱的花语是长久开放的花。在朝鲜族人民心中，金达莱象征长久的繁荣和幸福。一汽精准扶贫的春风给和龙的贫困村屯送来了希望，和龙的乡亲们将用勤劳的双手描绘出全面脱贫的美好图景。到那时，红艳艳的金达莱花将绽放在和龙这片富饶的土地上，沉甸甸的扶贫果实定将引领和龙人民迈向更加宽阔的小康之路。

而在凤山县，中国一汽依然把产业扶贫当作凤山脱贫攻坚的"发动机"。在帮扶工作中，中国一汽发挥立足当地实际，发挥自身优势，提升"发动机"的"马力"。根据凤山县的资源禀赋和实际情况，集团抓实抓好产业扶贫，重点发展当地特色种养殖业、帮助贫困户开发农副产品，延伸产业链条；并借助展会优势，连接小农户与大市场，打通农特产品销路，开拓更广阔市场，推动当地特色产业持续稳定发展，增强凤山县贫困群众脱贫致富的内生动力，加快贫困群众"输造血"转变。

坡心村林下养殖示范基地（福寿养殖专业合作社）位于弄蚕屯，是凤山县林下养殖示范基地之一。中国一汽立足村情实际，以专业合作社为载体，采取"党员能人＋基地＋贫困户＋合作社＋公司"的养殖模式，促进贫困群众增收致富。截至目前，全村共成立7个养殖合作社，实现152户贫困户全覆盖，为贫困户脱贫致富奠定了坚实基础。

智志双扶——培养"好司机"

"扶贫先扶智"决定了教育扶贫的基础性地位，"治贫先治愚"决定了教育扶贫的先导性功能，"脱贫防返贫"决定了教育扶贫的根本性作用。在开展脱贫攻坚过程中，中国一汽高度重视教育扶贫，积极开展教育帮扶，为对口帮扶地区脱贫攻坚及今后发展培养一批未来的"好司机"。

据镇赉县建档立卡数据库统计，因学致贫户数为385户，1078人。在非义务教育阶段，每年都有家庭因病致贫、学生辍学。

一个个心酸的故事，让中国一汽集团上下深受触动。为此，中国一汽开展"共青团·我的大学"公益助学项目，演绎着一个个助学圆梦的动人故事。项目从2012年发起，至今已连续举办六届。2017年，项目共资助100名贫困学生上大学，发放公益助学金20万元。2016年，项目开展高中助学项目，为199名贫困家庭在校高中生发放公益助学金59.7万元，资助在校高中生68名，发放公益助学金15万元。一汽镇赉助学项目前期资助的101名高中学生中，有31名考上了大学。其中镇赉县的理科状元（考入清华大学）、文科状元（考入中国人民公安大学）都是一汽项目资助的学生。这31名学生升入高等学府，既实现通过学习和教育有效阻断贫困的代际传递，改变本人甚至其家庭的命运，同时对其他莘莘学子也是最好的激励。

据统计，中国一汽累计投入助学资金242万元，资助了925名贫困高中生和贫困学子圆梦大学。"共青团·我的大学"活动，彰显了大爱无疆的博爱精神，传递和弘扬了社会正能量，获得了社会各界的广泛赞誉，已成为镇赉极具影响力的社会扶贫品牌。

"以前校门口上来是泥巴路，现在都铺上了水泥路，不用担心下雨天上学鞋子、裤子上沾满泥了，学校还装上了太阳能路灯，冬天天不亮来上学时也不怕摸黑了"，说起学校这两年来的变化，凤山县坡心村小学三年级的贫困学生黄永吉的眉宇间满是质朴、真诚的笑意。

中国一汽在左贡县田妥村援建的一汽希望小学

开展教育扶贫，中国一汽采取"软硬皆施"的办法。在硬件方面，中国一汽聚焦改善当地教学设施，本着"缺什么，补什么"的扶贫原则，先后投入 40 余万元对一汽希望小学（良利教学点）进行修缮和投入。经过改造，学校不仅在教学环境上大大改观，而且教学的硬件设施方面也得到了全面升级，其中有白板教室 6 间，多媒体教室增加了 20 台电脑，极大地提升了该校的办学条件，2017 年，学校顺利通过广西壮族自治区义务教育均衡发展验收。

"组合拳"打出新天地，定点帮扶以来，中国一汽充分发挥自身优势，助力对口帮扶地区脱贫攻坚，把好"方向盘"，筑牢"底盘"，提升"马力"，培养"好司机"，让当地贫困群众在小康路上越走越顺，越走越稳。

中国银行股份有限公司

中国银行成立于 1912 年 2 月，1912 年至 1949 年，中国银行先后行使中央银行、国际汇兑银行和国际贸易专业银行职能。1949 年以后，中国银行长期作为国家外汇外贸专业银行，统一经营管理国家外汇，开展国际贸易结算、侨汇和其他非贸易外汇业务，大力支持外贸发展和经济建设。1994 年，中国银行改为国有独资商业银行。2004 年 8 月，中国银行股份有限公司成立。

截至目前，中国银行在中国内地及 56 个国家和地区为客户提供全面的金融服务。主要经营商业银行业务，包括公司金融业务、个人金融业务和金融市场业务，并通过全资子公司中银国际控股有限公司开展投资银行业务，通过全资子公司中银集团保险有限公司及中银保险有限公司经营保险业务，通过全资子公司中银集团投资有限公司经营直接投资和投资管理业务。

自创办至今，中国银行始终将爱国爱民作为办行之魂，将诚信至上作为立行之本，将改革创新作为强行之路，将以人为本作为兴行之基，树立了卓越的品牌形象。面对新的历史机遇，中国银行将以新时代中国特色社会主义思想为指导，坚持科技引领、创新驱动、转型求实、变革图强，努力建设新时代全球一流银行，为实现中华民族伟大复兴的中国梦做贡献。

中国银行：发挥全球化优势 举全行之力推进定点扶贫工作

　　这是掷地有声的庄严承诺——绝不让一个贫困群众掉队，确保到 2020 年农村贫困人口全部脱贫，让中国人民共同迈入全面小康社会。

　　立下愚公志，啃下硬骨头。

　　党的十八大以来，以习近平同志为核心的党中央把脱贫攻坚摆到治国理政突出位置，打响了一场脱贫攻坚战，迎来了历史性的跨越和巨变。

　　中国银行坚决贯彻党中央、国务院关于扶贫开发的重大战略部署，连续 17 年在陕西咸阳永寿、长武、旬邑、淳化（以下简称"北四县"）开展定点扶贫工作，累计无偿投入扶贫资金 2 亿元，实施超过 300 个扶贫项目，直接受益群众超过 20 万人，为促进当地经济社会可持续发展、促进群众脱贫致富提供了必要支持。中国银行注重发挥自身全球化优势，充分运用境内境外两个市场、两种资源，广泛发动各种力量，坚持引资引技引智相结合，将贫困地区的需求与外部资源有效对接，探索出了一条特色鲜明的定点扶贫之路。

从产业扶贫入手，让帮扶有"质量"

发展产业是实现贫困人口稳定脱贫的主要途径和长久之策。中国银行在定点扶贫工作中，提出围绕精准，聚焦产业扶贫、聚焦民生领域扶贫、聚焦深度贫困村的工作思路，把产业扶贫作为重中之重，牵住产业扶贫这个牛鼻子。

咸阳市长武县洪家镇山兴村、高家山村等5个贫困村，基础条件差，长期无村级集体经济，群众收入来源少，一直找不到脱贫的好路子。中国银行经过调研论证，认为帮助村里建设产业项目是脱贫的关键，决定投资建设一个占地25亩、装机容量500kW的光伏农场项目。中国银行扶贫干部在设计方案中还提出建议，提高光伏组件离地距离，下面种植中药材、蔬菜，散养鸡，实现多元化发展。2018年5月，该项目完成施工，实现并网发电。项目所有收益划归村集体和贫困户，374户贫困户每年每户可保底收益800元，5个村集体稳定收益5万元，贫困群众脱贫有了保障。

中国银行向帮扶地区援建光伏扶贫产业园

脱贫是为了致富，巩固脱贫成果的最好方式也是致富。在推动产业扶贫项目落地的同时，中国银行扶贫干部将目光进一步放远——如何确保扶贫产业的可持续发展？如何让贫困群众持续受益？

产业扶贫，政府引导是关键，市场参与是基础。贫困地区发展产业最缺的是市场、技术、模式，急需优质龙头企业带动。为此，中国银行积极发挥金融媒介作用，坚持把贫困人口、贫困地区政府和企业等不同主体的需求与客户资源有效对接，增强当地产业的可持续发展。

2016 年，中国银行与陕西省政府共同举办咸阳"北四县"精准扶贫跨境撮合洽谈会，来自法国、意大利等 7 个国家以及国内 8 个省份的龙头企业与咸阳地区 80 家企业举办 285 场洽谈会；2017 年，中国银行与咸阳市委市政府携手在南京、苏州举办"产业扶贫项目推介会"，260 余家优质企业参加活动，签约项目 36 个，计划总投资 265.7 亿元，为"北四县"增强造血功能，引入源头活水。2018 年，中国银行牵线搭桥，特别邀请河北企美农业科技有限公司、邯郸市兆辉生物有限公司等龙头企业来咸考察合作。这样的"撮合"既有效缓解中小企业融资难题，又实现贫困地区自然资源和各方资金技术优势互补，也延伸了贫困地区农业产业链，加快产业融合，让扶贫产业项目更多分享全产业链和价值链增值收益，不断为贫困地区积累客户资源、技术资源、市场资源。在中国银行的撮合下，陆续有蒙驴牧业、绿平果业、鹏远肠衣等公司在咸阳投资建厂。

撮合来咸考察的河北企美公司第一时间取回当地土壤和水样进行了专业检测，令人惊喜的是，各项指标完全符合有机标准！中国银行正在想方设法引领当地向着经营可持续、生态可持续、盈利可持续的有机农业方向进发，让农民群众干着老本行、守着故土也能致富。

与此同时，中国银行借助遍布全球的优质客户资源，致力打造扶贫共同体。面向海内外中高端客户募集善款 3000 余万元，联合香港知名基金会和企业设立 2000 万港币基金，专项用于"北四县"定点扶贫事业。

中国银行联合香港爱心企业、慈善团体，设立 2000 万港币奖教助学基金

养殖业是农业生产的两大支柱之一，更是贫困地区经济发展的天然优势。咸阳"北四县"养殖业大多还处于家庭散养阶段，没有形成规模化养殖，受市场波动影响严重，农民收入难以保障。为此，中国银行积极推动国际农牧食品龙头企业泰国正大集团在当地建厂。目前投资 6 亿元的一期 30 万头生猪养殖项目已经启动，其中中国银行投入资本金 5400 万元。通过该项目的实施，能精准带动约 1.5 万名贫困人口实现增收脱贫，有效促进当地农作物销售、果木种植及其他农业产业升级，助推咸阳成为陕西省绿色肉食品和绿色农产品重要供应基地。交通物流闭塞是贫困地区较为突出的矛盾，导致大量农产品不能与市场有效对接，卖不出好价钱。为此，中国银行联合亚洲最大、全球第二大物流设施提供商新加坡普洛斯集团，共同设立中银西部物流基金。帮助咸阳引进现代物流企业，建立冷链物流，有效解决当地果品销售半径小、时间短、价格低的问题，推动果品种植业的全产业链发展，带动贫困群众增收和就业。

抓大不放小，让全球扶贫资源走入"北四县"的乡村和农户。中国银行积极利用遍布全球的客户资源，让全球化优势在脱贫攻坚战中持续发力。

"村里来了洋专家"。2018 年 5 月，永寿县常宁镇安德村一下热闹起来，村民听说来了两个外国专家，大家都纷纷围拢过来。中国银行卢森堡分行把国外肉牛养殖的先进经验带到了这里，不仅捐赠建设肉牛养殖场，还把卢森堡农业协会的养殖专家请过来，向合作社传授养殖技术。该项目将建设标准化牛舍 4 栋，肉牛存栏 260 头，吸收周边 15 个村 201 户贫困户入股，每年都可实现稳定分红。2018 年 4 月咸阳地区发生大规模霜冻灾害，中国银行法兰克福分行立即行动，捐资帮助群众开展生产自救，支持果树下种植螺丝菜等替代产业，尽可能把损失降到最低。2018 年 7 月，澳门分行募集了 50 万澳门元，投入到旬邑县养殖项目中。

从金融扶贫入手，让帮扶有"力度"

金融是扶贫的主力军。"举全行之力推进定点扶贫工作"是中国银行扶贫工作的决心和定位。中国银行党委坚决贯彻落实党中央、国务院关于脱贫攻坚的决策部署，把定点扶贫作为一项重大政治任务扛在肩上，依托集团多元化优势，持续加大金融扶贫力度，设机构、推产品、增人员，用实际行动履行中央金融企业的政治担当和社会责任。

中国银行充分利用金融优势，在"北四县"每县设立一家中银富登村镇银行，并于 2018 年 10 月 16 日全部正式营业，累计投入资本金 1.2 亿元。四家村镇银行将坚持"立足县域、支农支小"的目标市场与客户定位，专注发展普惠金融、精准扶贫工作方向，采取贷款本地化、税收本地化、员工本地化，大力向县域涉农中小微企业、农户投放贷款，提供优质金融服务。积极推进授信项目差异化审批流程，提高县域授信项目的受理效率，为扶贫产业的生产、渠道、销售各个环节提供金融服务，激活产业持续发展的内生动力。在金融产品方面，结合"北四县"的产业特点，推出了"苹果贷"和"扶贫贴息果商贷"，精准帮扶当地种植业发展。

中国银行在定点扶贫县建立四家中银富登村镇银行

"以前'北四县'没有中国银行的分支机构，现在有了中银富登村镇银行，中国银行将更加有效地为中小微企业和农户提供金融服务，支持贫困群众生产经营，同时开展农业生产大讲堂、金融知识下乡等活动，真正把金融服务延伸到最后一公里。"在旬邑县挂职的中国银行扶贫干部张勇说。

从教育扶贫入手，让帮扶有"根基"

习近平总书记指出，"扶贫要同扶智、扶志结合起来。智和志就是内力、内因。"中国银行积极发挥金融人才优势，依托金融专家队伍和培训资源，连续三年举办咸阳市县处级领导干部金融研修班，采用集中面授、实地参观等方式重点讲授普惠金融体系、政府融资模式等方面的经济金融知识，培训干部近 200 人，帮助当地干部掌握现代金融理念、运用金融工具发展经济的管理思路。组织贫困村党支部书记、创业致富带头人、实用科技人才等各类培训 30 余场，参训人员超过 4000 人次。同时为咸阳市跨境并购意向提供顾问服务，为咸阳第一个"一带一路"走出去项目提供专业、全面的跨境资金管理方案。

拔穷根，教育就业扶贫为脱贫攻坚添砖加瓦。让贫困地区的孩子们接受良好教育，掌握一技之长，是扶贫开发的重要任务，也是拔掉穷根，阻断贫困代际传递的重要途径。中国银行携手复旦大学、上海大学，走进咸阳"北四县"开展招生政策宣讲活动，两校结合本年度高考录取分数线，给予贫困学生一定政策优惠，并在学生资助方面进行倾斜，开启了银校携手推动教育扶贫的新模式。此外，中国银行与国内第一所全免费公益职业学校——百年职校积极协调，连续三年在当地招生，累计录取 59 名贫困学生，"零"费用帮助贫困学生赴学校学习工程维修、烹饪、口腔修复等热门专业，从根源上解决贫困之"困"。

"一人就业，全家脱贫"。家住长武县丁家镇十里铺村的贫困学生韩璐，2017 年 8 月通过中国银行定点扶贫招聘进入中银金融商务有限公司，从电话银行客服坐席员干起。她踏实勤奋工作，综合表现突出。2018 年 7 月，经过考试，成为江苏省分行的一名正式员工。良好的就业环境，稳定的收入来源，既成就了贫困学生的就业梦，也圆了全家的脱贫梦。

韩璐只是中国银行就业扶贫的一个缩影。近两年来，中国银行通过中银商务等附属机构的专项招聘计划，累计录用"北四县"优秀贫困毕业生超过百人。

全员开展消费扶贫，让帮扶有"温度"

"我们农民自家产的土鸡蛋和苹果，终于卖到了城里，还卖上了好价钱。"长武县洪家镇孔头村村民申俊超说，"有了中国银行搭建的这个平台，我们农民致富终于有了盼头，感谢党的好政策，感谢中国银行！"

通过长期的定点帮扶工作实践，中国银行着眼于解决贫困地区农产品销售难的问题。2017年4月20日，中国银行在北京举行"公益中行"精准扶贫平台发布仪式，正式向社会推出"互联网＋公益"的扶贫工作新模式，帮助更多的贫困户走上自力更生之路，实现脱贫致富。该平台充分运用互联网特点，贫困户农副产品直接销往城市，减少中间环节，增加贫困户收入，帮助他们脱贫致富。

"销路难，曾是老乡们脱贫路上最大的'拦路虎'。"咸阳地处黄土高原，土地肥沃，结出的苹果又大又甜，出产的油桃营养美味。然而，每到收获的季节，村民就开始犯愁，因为价格合适买家难找，优质的农产品销路却不好，也买不上好价钱。

如今，"公益中行"平台供给侧对接咸阳"北四县"贫困人口，需求侧对接中国银行境内员工和客户。中国银行员工和客户下载安装平台APP，进行实名注册，只需手指轻轻一点，购买贫困群众的农副产品，就能帮助他们增收，做到精准帮扶、长期帮扶。

"公益中行"运行一年多来，购买端员工及客户注册150万人，在平台自营的贫困户251户，上线农副产品1900余种，累计消费扶贫金额超过1亿元。2017年底，积累的616万扶贫公益金，精准发放至"北四县"贫困群众手中。

随着平台的推广，消费扶贫产生的影响越来越大，助力脱贫攻坚的作用更加显著，中国银行员工不但自己购买农产品，还发动亲戚朋友买，积极献出爱心。平台让很多贫困户学会了如何赚钱、如何经商，足不出户就可以实现增收。除此之外，平台更注重帮助贫困群众转变思想，慢慢培养他们的网品意识、市场意识、商品意识，从短期赚钱实现长期脱贫。

大国大战略，大行大担当。中国银行将以习近平新时代中国特色社会主义思想为指导，认真落实党中央、国务院关于打好精准脱贫攻坚战的决策部署，坚持定点扶贫工作"上水平、上台阶、上格局"，坚定不移支持咸阳"北四县"打赢脱贫攻坚战。

中国石油化工集团公司

　　中国石油化工集团公司（以下简称公司）是 1998 年 7 月国家在原中国石油化工总公司基础上重组成立的特大型石油石化企业集团，注册资本 2749 亿元人民币，董事长为法定代表人，总部设在北京。公司对其全资企业、控股企业、参股企业的有关国有资产行使资产受益、重大决策和选择管理者等出资人的权力，对国有资产依法进行经营、管理和监督，并相应承担保值增值责任。

　　公司主营业务范围包括：实业投资及投资管理；石油、天然气的勘探、开采、储运（含管道运输）、销售和综合利用；煤炭生产、销售、储存、运输；石油炼制；成品油储存、运输、批发和零售；石油化工、天然气化工、煤化工及其他化工产品的生产、销售、储存、运输；新能源、地热等能源产品的生产、销售、储存、运输；石油石化工程的勘探、设计、咨询、施工、安装；石油石化设备检修、维修；机电设备研发、制造与销售；电力、蒸汽、水务和工业气体的生产销售；技术、电子商务及信息、替代能源产品的研究、开发、应用、咨询服务；自营和代理有关商品和技术的进出口；对外工程承包、招标采购、劳务输出；国际化仓储与物流业务等。

　　目前，公司是中国最大的成品油和石化产品供应商、第二大油气生产商，是世界第一大炼油公司、第二大化工公司，加油站总数位居世界第二，在 2017 年《财富》世界 500 强企业中排名第 3 位。

依托资源抓产业　发挥优势促脱贫

——中国石化扛起责任突出方向扎实推进定点扶贫工作

党的十八大以来，以习近平同志为核心的党中央把脱贫攻坚工作纳入"五位一体"总体布局和"四个全面"战略布局，作为实现第一个百年奋斗目标的重点任务，做出一系列重大部署和安排，全面打响脱贫攻坚战。

习近平总书记提出，扶贫开发是全党全社会的共同责任，要动员和凝聚全社会力量广泛参与。作为国之重器，中国石化坚决贯彻落实党中央、国务院决策部署，积极履行政治责任、经济责任、社会责任，在企业改革、转型、发展任务艰巨的背景下，依旧把扶贫重任扛在肩头。

十八大以来，中国石化积极应党中央、国务院的号召，认真贯彻落实"六个精准""五个一批"等国家扶贫开发政策和方针，承担国家对口支援及定点扶贫开发任务。1988年以来，中国石化总部共承担西藏、青海、江西、安徽、湖南、甘肃、新疆等7省（自治区）12县（市）的扶贫开发任务。

在开展对口支援及定点扶贫工作中，中国石化积极携手国家及地方政府、扶贫对象等各利益相关方，围绕基础设施建设、产业帮扶、支持教育、劳务培训、医疗健康、提供平台等重点领域开展对口支援及扶贫开发工作，坚持"输血"和"造血"扶贫方式相结合，坚持实地调研、制定规划、项目实施、考核评价的科学扶贫流程管理，高效推进精准扶贫，致力帮助贫困地区提高可持续发展能力，实现脱贫致富，助力全面建设小康社会。

用产业扶贫打造脱贫引擎

走好精准扶贫新路，既要找准致贫"穷根"，又要开好治贫"药方"。在定点扶贫工作中，中国石化立足贫困地区实际，发展富民产业，确保贫困群众如期实现脱贫目标。

2018 年 8 月 4 日晌午，湖南泸溪县气温 34℃，比这更热的是，中国石化扶贫干部和泸溪县政府工作人员关于"高质量扶贫"的探讨。

"不能只满足于脱贫，种下乡村振兴的'种子'，才是高质量的扶贫。"中国石化对口支援及扶贫工作领导小组办公室企业文化专家朱卫华分享了自己的思考。

"产业发展，就要绿色、可持续。"刚到泸溪县挂职任县委常委、副县长半年，来自中国石化股份公司炼油事业部技术处的高级主管于磊说出了内心感触。

"中国石化已实现精准扶贫和乡村振兴的有机结合，是助力泸溪脱贫攻坚的样本。中国石化通过不断探索创新，给贫困地区带来活力，像民宿开发就是迈出的新步伐。"回顾中国石化 16 年来对泸溪的帮扶，泸溪县副县长尚远道说。

村里有个"网红民宿"

在他们讨论之际，在湖南省凤凰县廖家桥镇的拉毫村，民宿项目正有条不紊地推进。

拉毫村因多采用当地产的变质页岩剥片造房，素有"石头寨"之称。在一次调研中，朱卫华看到这些废弃的石头房，很兴奋，"这是建民宿的好地方。"村子区位优势明显，距凤凰古城 22 公里、仅半小时车程，有利于"借力打力"，吸引外溢游客。他联系有着民宿开发建设经验的中国扶贫基金会，多次考察后，将项目选址在背靠大山、可俯视深谷的位置。项目由国内知名设计师以修旧如旧的原则，在充分考虑居住的舒适性和周边自然人文环境的体验感基础上，规划了包括民宿、创客中心等在内的 13 座建筑。

"刚开始最难的是群众思想工作。"新事物的闯入总不会轻易被接受，因村民脑海中没有"民宿"这一概念，中国扶贫基金会百美村宿办公室项目官员兰岳澄的前期宣讲工作不断碰壁。通过放电影、走访等方式不断进行普及，村民终于放下了心，组建起合作社，并投票选举合作社理事、监事，搭建起利益共享、风险共担的合作社股权机制。"现在看着房子慢慢建成，村民的心气不一样了。"

按照计划，拉毫村民宿将在 2019 年 7 月全部建成。"将来希望通过民宿的连锁效应，吸引更多年轻人返乡。"拉毫村村书记周六英道出了心中期盼。拉毫村共有 1945 人，大部分年轻人已外出务工。全村共有建档立卡贫困户 47 户 131 人，项目建成后，贫困户可获得分红，同时还可带动乡村旅游，为村民增收提供更多可能。

对于这一未来"网红民宿"，中国石化对建筑质量有着高要求，目标是建成百年民宿。"民宿代表美丽乡村的发展方向，希望将其打造成村子的造血机制，给当地探索出一条新的致富路，这也是中国石化的初衷。"朱卫华看向远处的枫林时，心中飘过一个诗意的名字"枫林诗社"，他希望将来这里不仅是旅游胜地，也能开展扎染、绘画等文化活动，用民宿带动产业，用产业反哺民宿。

从生态保护出发，中国石化积极拓展旅游产业扶贫项目，盘活村庄资源，探索可持续发展路径助力乡村振兴。如今，中国石化和中国扶贫基金会在湖南省泸溪县和甘肃省东乡县，另外两个美丽乡村旅游扶贫项目也在进行中，一条绿色脱贫致富路也正铺展开来，为高质量扶贫又添一新注脚。

能人带动，在非遗传承中脱贫

而在湖南省凤凰县的凤凰之窗蜡染培训基地，又是另外一番场景，从80 多岁的老奶奶到 20 多岁的大姑娘，正安静地作画、晕染、上色……

苗族蜡染属于世界级非物质文化遗产。为传承非遗，开拓新的脱贫致富路，2017 年，中国石化与凤凰县扶贫办联合湘西蜡的世界蜡染有限责任公司（以下简称"蜡的世界"）开展建档立卡贫困户蜡染、扎染技术培训班。

中国石化为每个建档立卡贫困户出资 3000 元作为培训期间的开支，由蜡的世界进行为期 30 天的培训，"出师"后还可在该企业签约工作。

"近年来，尽管凤凰的旅游发展很好，但仍有不少当地人没有享受到旅游开发带来的红利。若我们可以组织群众开发和生产出更具实用性的蜡染制品对接旅游市场，不仅让乡亲们有事做，更能实现共同创业致富。"蜡的世界董事长姚六菊从小在农村长大，对贫困有着深刻理解。2015 年，她着手成立蜡的世界，并希望通过"手工进家，让妈妈回家"，给留守儿童一个温暖童年。

拉豪村民宿外景

如今，培训班已累计培训贫困妇女及老人近百人。"以前外出打工上夜班，身体也不好，现在在家附近工作，每个月有 3000 元收入。"45 岁的村民龙何爱属于建档立卡贫困户，现和 80 多岁的母亲一起在此务工，"母亲爱好蜡染，在这工作很开心。"

在脱贫攻坚的道路上，人才是乡村最匮乏的资源。中国石化积极发动像姚六菊一样，具有扶贫情怀、有乡愁的本土产业能人，带领老百姓一起创业致富。这种"借鸡生蛋"的模式，也在多地得以实践成功。目前，中国石化已与柯坪兴科服饰厂、岳西天鹅集团等达成合作，为更多贫困百姓提供就业机会。

片片光伏照亮致富路

在湖南省邵阳县塘田市镇艾坝村，片片光伏正在为脱贫致富"发光发热"。

艾坝村是湖南省"十三五"扶贫工作重点村，全村有 14 个村民小组，建档立卡贫困户 52 户 151 人。按照湖南省委省政府统一部署，2015 年 3 月，中国石化湖南石油分公司派出驻村干部王少华进行驻村帮扶。在发展村集体经济方面，王少华首先想到了光伏发电项目。光伏，是一个比较成熟的项目，一次性投资收益时间长且稳定。经过多方沟通协调，王少华争取到了指标和资金。

2016 年，中国石化湖南石油分公司投入 57.5 万元启动建设资金，推动艾坝村和汉能移动能源控股集团签订合约，在七里山安居工程旁，建立起了 50KW 光伏村级电站。如今，艾坝村的光伏发电项目已成功并网，仅此一项就可为村集体每年增收 6 万元。

目前，光伏扶贫已成为产业扶贫主要抓手和打赢脱贫攻坚战的重要举措，在中共中央和国务院《关于打赢脱贫攻坚战的决定》中就明确提出开展光伏扶贫工作，在《关于打赢脱贫攻坚战三年行动的指导意见》中，更进一步指出"在条件适宜地区，以贫困村村级光伏电站建设为重点，有序推进光伏扶贫"。中国石化积极推动科技扶贫，在江苏等地推广光伏项目，只为"照亮"贫困百姓的脱贫致富路。

小小猕猴桃能致富

在泸溪县武溪镇朱食洞村的山坡上，300 亩红心猕猴桃挂满枝头，春富红心猕猴桃农民专业合作社理事长彭春正忙着查看猕猴桃的长势。"今年是挂果年，10 月份左右就能摘果。"

5 年前，这里还是一片荒野。当时，中国石化的扶贫干部们多次走访，找到了有着种植经验的产业能人彭春，表示想共建红心猕猴桃基地。"一个人富不算富，带领乡亲一起富起来才有意义。"她欣然同意。

朱食洞村地处沅江和峒河的交汇处，空气湿润，环境优越，适合猕猴桃生长。在中国石化的扶持和县扶贫办的动员下，红心猕猴桃在这个深度贫困村"生了根"。中国石化的扶持款作为资金入股，贫困户不仅可得到分红，还可获得土地流转费及务工费，基地可带动 52 户建档立卡贫困户、221 人实现脱贫。

"年纪大了不能外出，如今在家门口每年能赚 7000 多元，果子丰收了还能分红，这是我从来没想过的好事。"在基地务工的田继仁说。

易捷帮助贫困地区销售猕猴桃

自 2013 年以来，中国石化先后投入了 175 万元。这 5 年，也时有旱灾等灾害发生，但理事长等人学技术、学管理，信心坚定，加之当地政府及中国石化的帮扶，5 年终等来硕果。如今，红心猕猴桃在泸溪得到推广，洗溪镇梁家潭村和达岚镇覃木阳村的千余亩基地，创造了百余个就业岗位，实现分红后人均每年可增收 4000 元，能带动建档立卡贫困户 224 户、908 人脱贫致富。

同样，在凤凰县的山江桃园产业基地、古双云村稻花鱼产业基地，泸溪县的浦市青草云峰合作社草莓葡萄基地，安徽省岳西县的桑枝木耳基地、颍上县的绿之源家庭农场……"合作社＋基地＋农户"的模式已推行开来。因地制宜扶持产业，增强"造血"机能，中国石化不断蹚出新路。

易捷便利店里的农产品

农业扶贫最关键的问题是解决市场销路。在湖南长沙的一家易捷便利店，一批特色农产品被摆在最显眼的位置，供人们选购。

我们不仅看到了西藏卓玛泉，还有推动"湘品出湘"的产品，如炎陵黄桃、永兴冰糖橙、桂东玲珑茶等湖南名优土特产。目前，营业额已达200余万元，有效推动了乡村振兴。

自2008年以来，中国石化开始涉足非油品领域，旗下的易捷便利店依靠中国石化遍布全国各地的加油站迅速生根发芽，目前门店数量已达2.6万家，每天可为2000多万人次客户提供服务。随着"消费扶贫"理念逐步被大众熟知，中国石化以"渠道扶贫、持久脱贫"为手段，以易捷便利店依托加油站连锁化、标准化的渠道优势，积极探索独具特色的产业扶贫模式。

2018年10月，中国石化拟在杭州举行"易捷十周年"招商暨商品展销会。中国石化挂职凤凰县的扶贫干部李懿，争取到将凤凰的雪茶和凤凰蜡染基地的蜡染产品相结合带进展区，在休息区提供雪茶供人品尝，并用蜡染产品做包装，一方面有利于打开市场，一方面又是一种创新的扶贫方式。"市场一直都是短板，贫困地区最需要的就是解决实实在在的销路问题，品牌打造好，将会产生可持续的影响。"拥有海外市场开发经验的李懿将诸多新思路带到了凤凰。

如今，江西、海南、青海、内蒙古等地的特色产品，新疆岳普湖县的大枣、青海泽库县的牛羊肉、安徽岳西县的红心猕猴桃、湖南泸溪县的椪柑等扶贫产品都已进入易捷便利店销售，为定点扶贫县优质土特产品解决了运输不畅、销售滞后的问题。

"以销售渠道带动特色产业发展，以特色产业发展带动税收和就业，以税收和就业带动贫困地区持久脱贫。"充分利用自身产业优势和渠道优势，中国石化无疑为扶贫之路打通了"捷径"。

柯坪羊上餐桌

在养殖业帮扶方面，中国石化的法子也不少。在中国石化的帮扶下，新疆的柯坪羊已成为脱贫致富的抓手。

柯坪羊肉以肉质细嫩、无膻味而闻名。但因地缘闭塞，市场无法打开。西北石油局"访惠聚"工作队想出良方，先后投入 35 万元成立养殖农民专业合作社，对贫困农户的羊进行集中或分散养殖指导，集中收购宰杀、冷冻运输，最重要的是以每公斤高于市场价 5 元左右收购，成功将柯坪羊端上了油田职工的餐桌。同时，在收购、宰杀运输等环节为村民提供就业岗位，解决了部分闲置劳动力"没活干"的问题。

"日子过得蜜甜，高兴的事情天天有。"柯坪县玉斯屯巴格勒格村村民艾海提·托乎提把幸福写在了脸上，他养的羊再不愁销路了。

在西北石油局的帮扶下，四个深度贫困村销路得到解决。2017 年销售额已超 460 万元，为贫困户共增收 34.5 万元。2018 年一季度，216 户贫困养殖户的 1700 余只羊被收购，户均增收 5201 元。

"合作社 + 贫困户 + 拓展销路"的产销一体化模式，同样在青海省庄科脑村的生猪养殖外销、甘肃省东乡县的手抓羊肉直销北京等项目上见成效。在精准扶贫的工作中，中国石化因地制宜，瞄准贫困根源，通过实施精准化识别、针对性扶持，已不仅仅局限于生产帮扶，通过从农户小规模养殖形成村里大规模养殖的方式，不断打通产业链条，逐步形成区域性市场，为村民拓宽致富道路。

产业扶贫究竟如何才能扶出"高质量"？中国石化用实际行动给出了自己的答案。从民宿到非遗，从种植到养殖，从生产到销售……中国石化以解决发展不平衡和发展不充分为着力点，通过持续探索升级"造血"方式，打造出了独具特色的产业扶贫模式，不断帮助百姓"拔掉穷根"。回顾中国石化30年来的扶贫路，朱卫华道出心中所感："扶贫先扶志。收入增长背后，更可贵的是帮助老百姓实现观念转变和思路打开，精神扶贫弥足珍贵。"

打开中国石化的扶贫蓝图，关于产业扶贫的规划占据了很大板块：

农殖产业扶贫。优化发展特色种植业，重点发展贫困户参与度高、经济效益好、市场潜力大、带动能力强的特色种植业。加大与各省农科院、农业院校深入合作。抓好产业园区项目建设，扶持贫困户种植藜麦、甜高粱、油茶等绿色高档高价值农产品，积极培育打造绿色发展、循环发展产业，大力发展莲藕、茭白等特色种植业。将贫困户纳入产业链条，保障贫困户在发展特色农业中取得实惠和收益。鼓励水资源条件好的贫困村发展生态友好型渔业。支持有条件的贫困村开展池塘标准化健康养殖，推广池塘循环水养殖、工厂化养殖技术。支持稻区贫困村，推广稻田养鱼或稻田养虾、蟹等健康的生态养殖模式，实现脱贫增收。

光伏产业扶贫。将光伏产业作为建档立卡贫困户精准扶贫的重要途径，充分利用荒山、荒坡和贫困户的庭院、房顶等，通过引进域外光伏发电企业投资，因地制宜开展集中式、分散式、户用式光伏发电扶贫产业项目，确保建档立卡贫困户稳定增加收益。

旅游产业扶贫。以美丽乡村建设为切入点，加大与中国扶贫基金会合作力度，大力推进具有地方特色的生态旅游精品线路开发和乡村旅游精品民宿建设、实施部分特色民居改造工程，重点抓好旅游特色村、精品采摘园等乡村旅游市场主体的培育和发展。以具备发展乡村旅游条件的贫困村为重点，充分利用农村田园景观、自然生态、农耕文化、民俗文化、民族风情和地形地貌特点等旅游资源，打造一批辐射带动贫困人口就业增收的特色文化旅游项目，为贫困人口创业、就业、增收提供广阔平台，实现旅游产业发展带动贫困人口脱贫。

电商产业扶贫。充分发挥中国石化平台优势，利用好易捷、奋进石化APP等内部电商平台，引进贫困地区优质农产品入驻。实现瓜蒌、大米、粉丝等特色农副产品线上营销，大力推广线上线下联动的营销模式，增加农户收益。

而在发展扶贫产业的同时，中国石化注重产业经营方式模式的创新，通过产业发展激发生产经营活力、确保贫困户真正受益。2012年以来，中国石化在湖南凤凰县扶持红心猕猴桃产业，帮助落潮井村成立农民专业合作社。2015年，该合作社发展社员1287人，种植面积2250亩（其中中国石化协助开发1720亩），实现收入800多万元，合作社人均年收入由原来的1500元提高到两万元左右。

近年来，中国石化在不少地方都在积极探索产业发展模式，取得较好成效，积累了不少经验，为定点帮扶地区产业精准脱贫奠定了坚实基础。

创新推广合作社新模式。对帮扶村结合乡镇和村的实际，引领一个村或一个乡镇，产业向高效农业转变。各基地按照"三变"（资金变股金、资源变资产、农民变股民）模式，将农民土地、现有产业折价入股，农户投入资金变为企业股金，并聘请能人任公司或基地负责人，用公司化、专业化、标准化的管理，形成产业良性可持续发展。

培育新型经营主体。围绕贫困村（户）特色产业发展，大力培育农民专业合作社、家庭农场、种养大户、新型职业农民等新型经营主体，鼓励贫困户入股参与分红并务工，同时充分发挥其资金、技术、市场等优势，带动贫困户发展产业、增收致富。通过壮大各类新型经营主体，将当前的脱贫攻坚和今后的经济社会长远发展进行有效结合。

中国石化充分利用自身产业和渠道优势，探索出具有中国石化特色的产业扶贫模式，即"以销售渠道带动特色产业发展，以特色产业发展带动税收和就业，以税收和就业带动贫困地区持久脱贫"，在"输血"的同时，努力增强当地"造血"功能。

强化基建夯实脱贫之基

泸溪县是典型的少数民族山区县，交通不畅、贫穷落后。要致富，先修路。2008 年来，中国石化先后斥资 1080 多万元，修建了泸溪县八什坪乡至沅陵县二酉乡、小章乡瓦槽村至白泥塘村等通村公路 9 条，48 公里村组公路硬化建设，解决了泸溪、沅陵、吉首、古丈边区 4 个乡镇、8 个村 2 万多人行路难题，为 12000 多亩椪柑运输和烟叶生产创造了有利条件，成为当地农民真正的幸福路和致富路。

要致富先修路。习近平总书记指出，"交通基础设施建设具有很强的先导作用，特别是在一些贫困地区，改一条溜索、修一段公路就能给群众打开一扇脱贫致富的大门"。脱贫攻坚以来，虽然从中央到地方都高度重视贫困地区基础设施建设，每年安排资金完善交通、水电等生产、生活基础设施条件。然而，贫困地区由于历史欠账太多，自身条件落后，在基础设施建设和管理过程中，还是面临着不少困难和问题。

为此，中国石化积极贯彻落实中央《关于支持深度贫困地区脱贫攻坚的实施意见》文件要求，加大"三区三州"深度贫困地区基础设施的建设投入力度，紧密结合扶贫县地理环境，突出科技支撑作用，大力发展太阳能机井建设项目、太阳能光伏发电项目，着力解决贫困地区人民群众饮水难，用电难问题。以"十项提升"工程为载体，着眼布局合理、设施配套、功能齐全的基础设施建设，围绕水、电、路、讯、网（广播电视网、邮政网点、金融网点和互联网），教、科、文、卫、保（社会保障、住房保障和村居活动场所），补齐深度贫困地区发展的突出短板，突破脱贫攻坚的主要瓶颈，重点集中力量解决好集中搬迁点、重点贫困村的公共服务配套基础设施建设、直接改善提升深度贫困群众生产生活条件。

凤凰县地处复杂的山区，交通闭塞。为促进大山里的人们和外界的交流，2003 年 5 月，中国石化投入资金近 600 万元正式动工修建千工坪乡至麻冲

中国石化援建的青海省泽库县热旭日村易地搬迁点的人畜饮水工程

乡通村公路——"千麻公路"。2005年10月，千麻公路正式通车，全长30.88公里，惠及3个乡镇11个村、19个苗寨，道路修通后直接受益7800余人。凤凰终于有了真正的翅膀，飞向了大山外的世界。千麻公路不仅解决了老百姓的出行难题，而且带动了古苗寨旅游业发展，年旅游人次达20万以上，旅游收入达400多万元，苗族群众亲切地把千麻公路称为"石化路""幸福路""旅游路""致富路"。

对口帮扶，中国石化不看自己有什么，而看贫困地区需要什么。在甘肃临夏回族自治州东乡族自治县布楞沟村，十年九旱，四季缺水。布楞沟人吃水，除了靠水窖积蓄雨水，还需到几十里外的镇子上拉水。一吨水加上运费，成本足有120元。一年下来，最节省的家庭光水费也要花五六百元。水贵如油，村民们用水往往是先洗脸，再洗菜，最后存起来给牛羊喝。

为此，中国石化细化落实扶贫工作帮扶责任，全面推进农村饮水安全巩固提升工程，做好与贫困村、贫困户的精准对接，继续投入资金加快建设人饮工程。特别对分散性供水和水质不达标的，要因地制宜实行升级改造。

提高贫困村自来水普及率、供水保证率、水质达标率，推动城镇供水设施向有条件的贫困村延伸，着力解决饮水安全问题。

2013年至2015年，中国石化投入资金4950万元，完成了布楞沟流域人饮入户工程，新建蓄水池117座，埋设供水管网327公里，受益群众超过1万人。清澈的自来水流进了村民院落，群众告别了靠车拉、靠驴驮、靠人背等方式吃水的历史，彻底解决了该流域群众的饮水困难问题。

为对口帮扶地区的脱贫攻坚分忧解难，为贫困群众的小康愿望勠力攻坚！定点帮扶工作开展以来，中国石化和当地贫困群众一道，按照"老有所养，幼有所教，贫有所依，难有所助"的美好目标，砥砺奋进、攻坚克难。

投入资金7200余万元，建设海拔最高的援藏小学——班戈县中石化小学，基本解决了全县小学四至六年级学生集中就学的问题。通过集中办学，优化了全县教育资源，提高了办学质量，为当地小学生的健康成长创造了优越条件，扭转了牧民对子女的上学态度，由"劝学"改变为"求学"。

中国石化援建的颍上县南照镇敬老院

投入资金280万元，在颍上县南照镇按照小康标准，修建了一座乡镇敬老院，当地人赞扬称这是安徽阜阳地区最好的村级敬老院。南照镇姚岗村敬老院占地面积 3,360 平方米，建设面积约 1,752 平方米（含配套设施），为当地贫困老人和"五保户"提供了舒适的生活环境，让老人更好地安度晚年，同时倡导树立敬老爱老的社会风气。

积极引入尤迈远程医疗，将北京协和医院等国内一流医疗资源精准对接到贫困县，为百姓提供高品质医疗帮扶。根据扶贫县医疗条件情况，捐赠高原易发病诊断与治疗设备，切实降低贫困户医疗费用。

智志双扶为脱贫攻坚蓄积内生动力如今，脱贫攻坚已经到了决战决胜的关键时刻。习总书记曾强调："脱贫致富贵在立志，只要有志气、有信心，就没有迈不过去的坎。""扶贫先扶志，致富先治心"，中国石化扶贫干部认为，精准扶贫既要送温暖，更要送志气、送信心。把贫困群众的心焐热、脑更新、劲鼓起，才能让自身努力与外界助力同步共振，提升脱贫的内生动力。

为此，中国石化坚持扶贫与"扶志、扶智"相结合，以提升扶贫对象就业创业能力、实现稳定就业为首要工作任务，切实提高贫困地区干部群众的自主意识，激发内生动力，由"他助"逐步转变为"自助"脱贫。促进已就业贫困人口稳定就业，有劳动能力和就业意愿未就业贫困人口实现就业。

在定点帮扶凤凰县过程中，中国石化挂职干部为了调动贫困群众走产业致富的道路，总是想着法子调动他们的积极性。每年都组织村干部和部分贫困户分期分批地到外进行参观学习，从县、乡、村层面制订了扶贫培训计划，围绕市场经济和主导产业有针对性地实施科技培训和科普行动。仅 2007 年，扶贫工作队就安排了 20 万元资金用于各种培训活动，先后在麻冲乡、千工坪乡、吉信镇、禾库镇等举办沼气应用技术、爱宕梨和中华大梨枣的栽培管理等实用技术培训 20 期，发放资料 1 万余份，参训人数达 12000 人次。

近几年来，中国石化探索创新的重点领域，智力扶贫重点抓住贫困家庭劳动力培训这个公共服务的缺失环节，逐步增加投入比例，探索有特色、见效快、受欢迎的培训项目，帮助贫困群众学技能、转观念，适应不断变化的市场对劳动者的素质需求；加大对贫困地区基础教育帮扶力度，重点改善农村学校食宿和教学条件。

积极开展职业培训。针对建档立卡贫困对象和贫困村有培训需求的劳动力，围绕特色产业和企业用工需求，分类开展特色培训和技能提升培训。鼓励群众靠双手致富，协助开展精准扶贫系列培训班；开办精准扶贫带头人专题培训班，组织村民赴省外学习种养殖技术；探索实施带薪培训试点，适时在各扶贫点推广。对青壮年劳动力进行职业技能培训，实现"就业一人，脱贫一户"的稳定脱贫机制。

促进稳定就业和转移就业。面向贫困地区有劳动力的群众提供中国石化驻地单位的后勤服务岗位，促进贫困人员稳定就业，实现就业脱贫。利用企业优势，积极协调合作单位，建立劳务输出对接机制和联系机制，提供用工信息，创造就业岗位，提供就业服务，优先吸纳贫困人口就地就近转移就业。

同时，中国石化以提高贫困人口基本文化素质和贫困家庭劳动力技能为抓手，瞄准教育最薄弱领域，阻断贫困的代际传递，避免贫困学生因贫辍学。

提升基础教育水平。进一步改善扶贫点义务教育基本办学条件，加大学校软硬件建设，投入资金修建"中国石化教学楼"，持续改善学习环境，让孩子们从小受到良好教育，感恩共产党、感恩总书记。围绕全国义务教育均衡发展验收工作，确保扶贫点学校各项条件达标，营造良好的教学环境，援助部分学校住宿、运动场、饮水等条件改善项目。

积极落实困难学生资助救助政策。吸纳社会公益力量，多方筹措建立中国石化助学扶贫金，主要帮扶困难家庭孩子的高职教育以及学前教育。适当提高资助标准，在建档立卡范围内，协助扶贫县实现贫困家庭学生资助全覆盖，阻断贫困代际传递。

中国石化 2008 年投入 200 万元，资助 1265 名高中生和新入学大学生

正是因为中国石化不折不扣的帮扶，不折不扣的担当，才最终换来帮扶贫困地区不折不扣的小康！正如泸溪县委书记杜晓勇所说，"中国石化定点扶贫泸溪 15 年来，一批接一批的驻县干部，踏遍了泸溪的千山万水，走遍了乡村的千家万户，心怀真情实感，带来了'真金白银'，大大增强了泸溪人民与全国同步实现全面小康的不竭动力。"

中国民生银行

　　成立于 1996 年 1 月 12 日的中国民生银行，是首家主要由非公有制企业发起设立的全国性股份制银行，肩负着中国银行业改革试验田的时代使命。22 年来，民生银行不断创新服务实体经济和国计民生，实现了自身的不断壮大和成熟。2018 年，民生银行在《the banker》发布的世界 1000 家大银行中排名第 30 位，在《fortune》发布的世界 500 强企业中排名第 251 位，已成为一家在国内外有较大影响力的商业银行。

　　作为中国银行业改革试验田，中国民生银行始终秉承"为民而生、与民共生"的使命，始终以改革创新为己任，致力于为中国银行业探索现代商业银行建设之路，致力于为客户提供专业特色的现代金融服务，致力于为投资者创造更高的市场价值和投资回报。2000 年 12 月 19 日，中国民生银行 A 股股票（代码：600016）在上海证券交易所挂牌上市。2005 年 10 月 26 日，中国民生银行完成股权分置改革，成为国内首家实施股权分置改革的商业银行。2009 年 11 月 26 日，中国民生银行 H 股股票（代码：01988）在香港证券交易所挂牌上市。上市以来，中国民生银行致力于完善公司治理，大力推进改革转型，取得了良好经营业绩，成为中国证券市场中备受关注和尊敬的上市公司。

　　中国民生银行以实施"凤凰计划"为主线，按照"做强公司业务、做大零售业务、做优金融市场业务、做亮网络金融业务、做好综合化经营、做通海外业务"的经营思路，在经济发展"新常态"下注重效益与质量、注重精细化管理、注重可持续发展的原则和理念，与国家"调结构、促转型"的战略高度相符，确保中国民生银行成为"民营企业的银行、科技金融的银行和综合服务的银行"。

　　22 年来，中国民生银行牢固树立"民生服务社会大众、实践情系民生事业、大众情系民生银行"的责任意识，坚持民生金融的服务特色，大力发展普惠金融、绿色金融，深耕精准扶贫、医疗和教育领域，创新文化公益，努力成为金融反哺社会的重要参与者和推动者。

精准扶贫路 殷殷"民生情"

——中国民生银行为脱贫攻坚凝聚强大"民生力量"

确保我国现行标准下农村贫困人口如期脱贫、贫困县全部摘帽、解决区域性整体贫困，是全面建成小康社会的基本标志和底线目标，是以习近平同志为核心的党中央做出的庄严承诺。

十八大以来，中国民生银行深入学习贯彻习近平总书记关于扶贫的重要论述，领会精髓实质，坚决落实党中央关于金融扶贫的战略部署，在国务院扶贫办、人民银行、银保监会的指导支持下，牢牢树立"责任田"意识，根据金融扶贫的价值和规律，结合自身的特点和优势，抓住培育和激活帮扶地区内在生产力这个牛鼻子，"输血""活血""造血"三管齐下，探索形成了以教育扶贫为根本、医疗扶贫为重点、股权扶贫为突破、金融扶贫为支撑、技能扶贫为呼应、多元培训为探索，多层次、广覆盖、强渗透的"六位一体"精准扶贫体系，为打赢脱贫攻坚战凝聚强大的"民生力量"。

责任与担当——建立脱贫攻坚"民生机制"

近年来，民生银行始终把定点扶贫工作作为重要责任扛在肩上，深入贯彻习近平总书记扶贫开发战略思想，全面落实党中央、国务院决策部署，举全行之力扎实推进定点扶贫工作，取得了明显成效。

早在2002年，民生银行就开始对河南的封丘县、滑县和甘肃的渭源县、临洮县开展定点扶贫工作。2015年，国务院扶贫办重新部署定点扶贫任务，民生银行的定点扶贫单位调整为河南的滑县和封丘县（以下简称"两县"）。调整后，扶贫任务更加具体，扶贫措施更加精准，资源投入更加有效。

建立强有力的脱贫攻坚领导体制。十八大以来，民生银行董事长洪崎亲自部署，党委书记、行长郑万春亲自落实，并担任金融扶贫工作领导小组组长，小组成员包括办公室、人力资源部、财务会计部、公司业务部、公司业务风险管理部、小微金融事业部、零售业务风险管理部、科技信息部、郑州分行等相关部门负责人。坚持问"需"于民、问"难"于民、问"计"于民，中国民生银行还建立了"一年两调研、月月常分析"的调研分析体系，以扶贫工作领导小组实地走访和挂职干部日常反馈的形式，详细了解定点扶贫各项工作的落实情况与碰到的问题和困难。

封丘县民生小学升旗仪式

2016 年 3 月，党委书记、行长郑万春带队与时任河南省省长谢伏瞻、常务副省长李克等就定点扶贫工作进行了深入交流，并赴滑县、封丘进行扶贫工作实地调研，重点考察了封丘潘店镇断堤村民生学校、滑县留固镇横村民生小学。

2017 年 3 月末，党委委员、纪委书记陈进忠率领的扶贫工作调研组来到封丘县和滑县，走访贫困户了解致贫原因，走访重点企业了解金融需求，调研扶贫项目，交流扶贫信息，在当地干部群众中引起了热烈反响。

2018 年 4 月，董事长洪崎带队赴郑州市，同河南省副省长刘伟进行了会谈。双方就定点扶贫工作进行了深入交流。随后，又马不停蹄地赶赴滑县和封丘，慰问贫困群众，考察扶贫项目，调研扶贫信息，共商扶贫大计。

2018 年 4 月董事长洪崎走访慰问河南封丘县中孟村贫困户

2018 年 9 月，党委书记、行长郑万春，党委副书记、副行长陈琼带队再赴两县实地调研，走访职业技术学校，探讨贫困村"三支队伍"综合能力提升以及贫困户职业技能培训，督促检查项目建设进度。

建立高效通畅的落实机制。民生银行围绕"精准扶贫，精准脱贫"，设立由总分支、前中后部门参与的扶贫工作实施小组，明确建立业务沟通与推动机制，制定并下发了《民生银行贯彻落实金融扶贫工作的指导意见》《加强民生银行金融扶贫监督检查工作的指导意见》《中国民生银行农村土地承包经营权抵押贷款管理细则（暂行）》《中国民生银行农民住房财产权抵押贷款管理细则（暂行）》等规章制度。

建立常态化检查督导机制。民生银行专门下发《加强民生银行金融扶贫监督检查工作的指导意见》，确保扶贫项目的真实性和扶贫支出的合理性。在项目实施过程中，民生银行实地考察每一个项目，确保项目资金落实到位，进展合理有序，让建档立卡贫困户直接受益，切实保证广大员工的爱心落到实处。

输血与造血——探索民生教育扶贫模式

步入脱贫攻坚的关键时期，我国贫困治理面临突破深度贫困强力约束和致富发展两大难题。前者关系到扶贫脱贫的难度，影响 2020 年我国脱贫攻坚任务的完成；后者关系到扶贫脱贫的可持续性。民生银行扶贫干部认为，如果扶贫仅关注短期目标，忽视人们致富能力的提升，其结果就是贫困问题可能暂时得到缓解，但是致贫根源却未消除。因此，在扶贫工作中，民生银行通过教育精准扶贫助力定点帮扶地区脱贫。

位于豫北地区的河南封丘县和滑县，是民生银行 16 年来的两个对口扶贫县。在进行深入调研的基础上，民生银行针对两县实际需求，根据自身特点优势，遵循"扶贫先扶智、治贫先治愚"基本理念，牢牢抓住教育扶贫这个牛鼻子，走出了独具特色的精准扶贫"民生之路"。

16 年来，民生银行累计向封丘县捐助 4275 余万元，其中 3060 万元投入教育领域，累计捐助近 4500 万元，其中专门资助教育事业的经费达 2218

万元。

16 年来，在民生银行的帮扶下，共有 5 万余名学生获得资助，2017 年度资助建档立卡贫困学生 1483 名，其中贫困高中生 883 名，每生每年 1000 元生活费，贫困大学生 600 名，每生每年 3000 元生活费。目前，两县已实现对建档立卡贫困户学生的全覆盖资助，确保适龄儿童就学，无一名学生因贫辍学。

改善提高贫困地区基础教育水平，不是修一所学校、捐一笔钱就可以了，师资力量的高低决定最终的教学质量。16 年来，民生银行奖励优秀教师 6100 余名，连续十多年组织定点扶贫地区中小学 1000 余名教师赴京培训，让教师获得学习交流的机会，接受先进的教学理念，开阔视野、丰富知识、提升自身教学水平。

对贫困村党支部书记、致富创业带头人、实用科技人才"三支队伍"培训是目前脱贫攻坚工作中的重点工作之一，也是民生银行定点扶贫重点工作之一。2018 年 9 月 18 至 20 日，民生银行在滑县、封丘县同时举办了"2018 年民生银行助力滑县脱贫攻坚暨三支队伍培训班""民生银行封丘县三支队伍示范培训班"，邀请了来自农业部创业指导讲师团、中国社会科学院、中国农业大学、全联农业产业商会、中国绿色食品发展协会以及龙头企业的专家、学者和企业家分别进行了主题授课，本次培训受到当地政府及学员的一致好评。

进城务工是拓宽转移就业渠道、实施就业帮扶的又一条途径。一方面，近年来大城市对于家政服务人员的需求越来越大，另一方面，持证上岗的家政服务人员可以获得稳定的收入，从而进一步改善家庭的经济状况。为此，"月嫂培训＋帮助就业"就成为民生银行帮扶农村贫困妇女脱贫的一条新路子。

在封丘和滑县，已有一些保姆、月嫂培训机构，但是这些机构发放的培训证书在大城市获得的认可度较低。民生银行积极与中国扶贫基金会和北京富平学校联系，争取到了两家单位的大力支持，为贫困家庭妇女组织免费培训，还给她们解决住宿以及餐费补助。培训合格后，再给她们颁发合格证书，以"授人以渔"的方式对妇女同志进行劳动技能提升，为城市月嫂市场输送人才，开启她们自谋出路、劳动致富的历程。目前培训学员大部分已经在北京就业，月收入 6000 元以上。

"民生银行以自己的博爱和担当与封丘共同书写了脱贫攻坚的精彩篇章。"新乡市委书记张国伟表示，民生学校的开工建设，不仅是民生银行助力封丘打赢脱贫攻坚战的有力措施，也是与封丘人民深厚友谊的历史见证。

持续而精准——谱写十六年"民生帮扶情"

脱贫攻坚是一场持久战，需滴水穿石之功。早在 2002 年，民生银行就开始对河南的封丘、滑县和甘肃的渭源、临洮开展定点扶贫工作。在 16 年如一日的倾情扶贫中，民生银行持续创新，真抓实干，交出了精彩答卷，走出了独具特色的扶贫新路。

滑县、封丘巨变的背后，是民生银行 16 年如一日的倾情帮扶。16 年来，民生银行以脱贫攻坚为目标，除了以教育扶贫为根本，还开展了多层次、多形式的精准扶贫项目和活动，交出了精彩答卷，走出了独具特色的扶贫新路。

给力医保，防止因病致贫。长期以来，重大疾病是贫困群众脱贫道路上的一大障碍，"辛辛苦苦奔小康，一场大病全泡汤"的现象时有发生。为了有效减轻贫困群众的就医负担，民生银行在社会保障领域创新开展精准帮扶，探索出了一条助力医疗扶贫的新路。2016 年民生银行向河南封丘县和滑县捐助 400 万元，为两县约 5.3 万名建档立卡的贫困群众购买大病补充医疗保险与新农合补充保险；2017 年捐助 60 万元，为封丘县 3 万名建档立卡的贫困群众购买城乡商业补充保险，从而为患病医治贫困群众在医保报销后的自付部分兜了底，防止因病致贫、因病返贫的现象发生。

金融扶贫，构建脱贫发动机。通过民生银行的扶贫贷款，企业可以获得资金创新发展，贫困户则直接受益，为贫困地区彻底实现脱贫提供了长期和稳定的保障，是"真脱贫"的有力支撑。借助金融行业特点，民生银行创新金融扶贫产品和服务方式，坚持围绕"三个相结合"，即与建档立卡贫困人口相结合、与县政府扶贫项目相结合、与县财政扶贫政策相结合，通过为滑县牧原农牧有限公司、安阳中盈化肥有限公司、新乡富元食品有限公司等企业提供扶贫贷款，支持当地种养殖业、农副产品加工业，带动地区经济发展。截至 2018 年 9 月末，民生银行的授信额已近 2 亿元，其中公司贷款授信余额 1.92 亿元，小微贷款授信余额 755 万元，为当地经济发展做出重要贡献。

股权扶贫，发展脱贫新渠道。股权扶贫是让贫困群众共享发展成果、实现稳定脱贫的重要渠道。民生银行本着扶贫捐助资金使用效益最大化的原则，通过深入考察并结合封丘县委、县政府的意见，选择河南中兵重工机械有限公司，采取股权扶贫的方式实现精准扶贫。河南中兵重工机械有限公司是一家军民融合企业，发展前景广阔。民生银行捐助 402 万元，以股权形式注入河南中兵重工机械有限公司，使用分红收益对贫困户进行帮扶，每年每户可获得收益 1000 元，共帮扶建档立卡的贫困户 322 户。

电商扶贫，打造脱贫助推器。通过协调民生电商等网络购物平台，民生银行针对两县树莓、金银花等特色农产品，围绕重点贫困村开展农产品电商销售。与当地县政府协商，在电商销售保证金、电商佣金等方面共同给予特殊支持，并且通过微信公众号、短信通道、线下宣传等渠道进行宣传推广等支持方式组织网络销售，争取实现"互联网＋农产品＝精准扶贫"的模式。

谈及民生银行多年来的结对帮扶，安阳市委常委、滑县县委书记董良鸿用了五个"好"："领导做了好表率，支持有了好举措，输送了好人才，扶出了好效果，留下了好口碑"。

2017 年 7 月，国家第三方贫困县退出评估检查组对滑县进行了实地评估

2018 年 9 月 党委书记、行长郑万春（左四），党委副书记、副行长陈琼（左二）带队赴河南省滑县、封丘县扶贫调研

检查，11 月 1 日，国务院扶贫办召开新闻发布会，宣布包括滑县在内的 26 个贫困县"脱贫摘帽"。封丘县的脱贫攻坚也捷报频传：2017 年底，该县农民人均可支配收入增幅已高于全省平均水平，全县已脱贫 1.46 万户、5.5 万余人。

2018 年，民生银行第五次荣获民政部颁发的政府最高规格慈善奖项——"中华慈善奖"，获评中国银行业协会"最佳公益慈善贡献奖"。被国务院扶贫办与中国社会科学院联合授予 2017 年度"优秀扶贫案例奖"，入选中国社会科学院《中国企业扶贫蓝皮书》案例，被新浪财经评为 2017 年度"银行业金融扶贫创新奖"，被中国经营报评为 2017 年度"卓越竞争力金融扶贫银行"。

"扶贫工作进入了攻坚拔寨的冲刺期，商业银行应切实担当金融扶贫的责任和义务，充分发挥在精准扶贫中的重要作用。"民生银行董事长洪崎表示，该行将充分发挥金融资源优势，做金融精准扶贫的先行者和实干家，为打赢脱贫攻坚战作出新的更大贡献。

扶志与扶智

志智双扶：实现贫困地区脱贫稳定而长久的重要途径

扶贫先扶志，扶贫必扶智。"志智双扶"论是习近平总书记扶贫思想的重要组成部分，它指出了开发贫困者本身的人力资本的重要性，指明了打赢脱贫攻坚战的重要路径。本部分精选了"志智双扶"的企业实践案例，这些案例展现出的创新做法，给出了提高贫困者的可行能力、激发群众脱贫内生动力、切断贫困的代际传递的具体方法。有以下三点格外值得重视。

首先，社会力量着眼于学校教育，切实提升贫困学生的知识文化水平。碧桂园、恒大集团等企业直接投资办学兴校；国家开发银行等企业投入助学贷款帮助困难学生完成学业；民生银行等对乡村教师进行资助；中国兵器工业集团、苏宁等企业进行教学物资捐助等等。这些做法直接提升了贫困地区的教育水平。

其次，社会力量发挥与市场连接紧密的优势，开展有效的职业培训和就业对接。中国石化、维萨等企业围绕特色产业和企业用工需求分类开展特色技能提升培训；唯品会等企业通过开展非遗技术的传承培训，与生产销售对接带来增产增收。这些项目直接拓宽了贫困人群就业渠道，有力发挥了人力资本的作用。

第三，社会力量注重提升农民脱贫意愿，通过"扶志"带来扶贫长久效果。在学习中增长见识、在劳动中体现价值和增强自尊自信，调动了农民脱贫增收的主观能动性。中国石化、四川电网、中国华能等企业通过支部共建、一对一结对帮扶、组织干部群众赴外地参观等方式，促进了脱贫的内生动力。

　　仅仅收入脱贫是短期的，通过"志智双扶"实现贫困地区稳定而长久的脱贫才是最为重要的。入选的优秀案例极好地展现了社会力量在"志智双扶"中的创新实践，凝结着中国扶贫的经验智慧，构成了脱贫攻坚中国模式的华彩篇章。

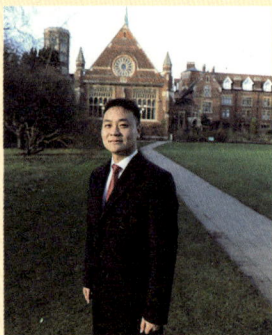

　　潘昆峰，1984-，中国人民大学副教授，硕士生导师，英国剑桥大学、美国杜克大学访问学者，教育部直属高校定点扶贫考核工作组成员，中国人民大学教育扶贫课题组组长，中国扶贫基金会项目评审专家。潘昆峰长期从事教育扶贫的研究工作，主持国家自然科学基金等国家级、省部级委托课题近十项，出版专著2部，发表论文30余篇。

国网四川省电力公司

　　国网四川省电力公司是国家电网公司在川设立的全资子公司，是四省内最主要的电网建设、运营和电力供应企业。作为"根植四川、服务四川"的国有企业，公司所有纳税、资产以及投入都在四川，所做工作始终致力于服务全省经济社会发展和民生改善。公司现有 22 家市级供电企业（下辖县级供电企业 152 家），直属单位 12 家，上市及控（参）股单位 6 家，用工总量 10.34 万人（拥有党员 3.7 万余名，基层党组织 2418 个）；供电面积 44.58 万平方公里，占全省面积的 91.9%；供电人口 7704.06 万人，占全省人口的 95.8%；供电量占全省总量的 95.64%。资产总额 1625.86 亿元，居国网系统第五位；省内售电量 1770.57 亿千瓦时，居国网系统第六位。公司先后获得"全国五一劳动奖状""全国文明单位"等荣誉称号，公司党委被中组部表彰为"全国先进基层党组织"。

在最难处发力

——国网四川省电力公司在深度贫困地区的扶贫实践

实现全面小康，深度贫困地区是重点和难点。

看四川，目前全省藏区彝区目前还有 45 个深度贫困县、3993 个贫困村和 76.5 万贫困人口。不仅量大面广，四川省藏区彝区还是"一步跨千年"，深度贫困与自然条件、民族宗教、社会治理等因素相互交织，是典型的贫中之贫、坚中之坚。曾有扶贫专家表示，攻克四川深度贫困堡垒，绝不是轻轻松松一冲锋就能解决的。

当脱贫攻坚进入关键阶段，2017 年 6 月 23 日，习近平总书记于山西太原主持召开座谈会，研究深度贫困地区脱贫攻坚工作，科学做出"深度贫困地区是脱贫攻坚坚中之坚"的重大判断，全面发出攻克深度贫困堡垒的总攻号令，充分体现了以人民为中心的发展思想和深厚的为民情怀。

作为在川央企，到 2018 年，国网四川省电力公司（以下简称"国网四川电力"）已经持续参与精准扶贫工作 10 年。十八大以来，按照四川省委省政府统一部署，国网四川电力开展对乐山马边县和凉山喜德县精准帮扶工作。公司在习近平总书记关于扶贫重要论述的指导下积极作为，根据定点帮扶点的实际情况，充分发挥电网优势，与四川彝区、藏区等深度贫困地区人民同呼吸、共命运，探索出了"三位一体"的扶贫模式和"五步走"等工作方法，走出了一条具有自身特色的精准扶贫新路径，总结出了新时代中国特色社会主义下央企参与精准扶贫工作的新模式。

点亮小康之光

要想富，先修路。而对于四川彝区、藏区的贫困群众来说，要想富，不光要修公路，打通电路也是关乎他们脱贫致富的关键因素。

为全面落实四川省委、省政府"全面小康路上不落下一个民族、一个地区、一村、一户、一人"的要求，国网四川电力集中力量打响推动深度贫困地区电网发展的"攻坚战"。

为贫困地区打通电路，国网四川电力一直不懈努力。马边县，是四川省深度贫困县，位于小凉山腹地。过去，电路难以穿越巍峨的小凉山，当地群众照明靠月亮，产业发展更无门路。时间回溯到 2008 年 12 月 1 日，总投资 85 万元的春林村农网改造工程开工，正式拉开了国网四川电力扶贫马边县的序幕。2008 年，公司为马边量身定制了 5 年电网规划，估算总投资 5.2 亿元。

2009 年底，220 千伏天宫庙输变电工程如期竣工投运。2011 年初，烟峰 110 千伏输变电工程开工。根据规划，到 2015 年，马边电网将形成以 220 千伏为电压支撑、110 千伏为骨干网架，达到一个工业集中规划区或相邻几个片区有一座 110 千伏或 35 千伏变电站的目标，为马边县域经济发展提供"强劲电网"支撑。

在坚强电网的支撑下，马边 2014 年全年实现地区生产总值 29.87 亿元，增长 9%。"电网建设在促进马边县经济发展过程中发挥了极为重要的作用。"马边县委副书记、县长李夫铁表示，"马边将加快水电工业发展，力争 2 年内全县竣工电站达 46 个，总装机容量达到 50 万千瓦以上，确保今年全县地区生产总值增长 7%，规模以上工业增加值增长 9.5%，完成固定资产投资 33 亿元，城镇居民人均可支配收入增长 9%，农民人均纯收入增长 11%。"

国网四川电力干部员工一直坚持带着感情抓扶贫，把党和政府的温暖送进彝家山寨，让困难群众共享改革开放成果。国网人用具体行动体现了一种执政理念——民生为本。把好事办到实处，和谐社会就有了坚实基础。十八大以来，正是由于国网四川电力为马边县打通了电路，补上了历史欠账，为当地贫困群众生活生产打下了坚实基础，让马边县在如今脱贫攻坚战场上捷报频传，屡创佳绩。如今，马边县——这座曾经的缺电贫困县，正在电力设施搭建中展翅起飞……

国网四川电力点亮深度贫困地区，马边不是个例。长期以来，公司锁定目标任务，把服务深度贫困地区脱贫作为重中之重。围绕"五大经济区""四大片区"经济发展、脱贫攻坚、民生改善，提前优化电网布局，主动服务乡村振兴、区域协调、产业发展。以服务深度贫困县为重点，实施电网建设专项扶贫方案，改善贫困地区用电条件。2012 年以来，国网四川电力先后完成"新甘石"联网、川藏联网、无电地区电力建设等一系列重大电网工程，彻底解决了 10 个县孤网运行的问题。"十二五"以来，国网四川电力共在 36 个深度贫困县投入农村电网资金 100 余亿元，补齐电力发展短板，确保无一户村民因供电问题影响脱贫。

小康不达，誓不罢休。"十三五"以来，国网四川电力累计改造机井 5113 眼、改造中心村 5992 个、为 520 个村通了动力电、解决低电压户 17 万户，覆盖 70 个县、3473 个贫困村，户均供电容量达 1.61 千伏安，较 2010 年提高近一倍。保障了易地扶贫搬迁、彝家新寨建设等民生工程顺利推进，满足了农副产品加工、养殖产业发展需求，为贫困群众增收创造了有利条件。

目前，四川省国家电网供区内 8536 个贫困村全部达到"户户有生活用电"的标准，36 个深度贫困县户均配变容量超过了全省平均水平。

攻小凉山之险

马边，既是国家扶贫开发工作重点县，又是小凉山综合扶贫开发县，经济总量小，发展水平低，基础设施弱，农民增收难，按照到脱贫摘帽计划，任务十分艰巨。

重担，需勇者挑。根据四川省委省政府统一部署，国网四川电力开展对马边县的精准帮扶工作。面对重任，公司上下一致压实责任、精准发力，设计"五步走"模式，探索少数民族地区脱贫和可持续发展的长效机制。

国网四川电力副总经理陈云辉还清晰记得，2016年春节前夕，和往年一样，国网四川电力派代表到马边彝族自治县高石头村看望帮扶对象，给村民送上慰问品和慰问金。当将慰问金递给村民阿毕石妹时，他却礼貌地拒绝了，这让陈云辉非常惊讶。阿毕石妹这才说："你们帮我养殖跑山鸡，帮我找到脱贫办法啦。我也有一双手，不能再吃慰问金了。以后，我要靠自己！"

电力员工七一前夕走进彝乡，电亮彝家暖民心。图为帮助彝族老乡换灯泡

国网乐山供电公司总经理林双庆告诉我们，阿毕石妹的举动，在马边彝族山村具有划时代意义，这标志着国网四川电力经过多年艰苦扶贫，走出"输血扶贫"模式，开启了"造血扶贫"和"扶贫扶志"的"五步走"新模式。

第一步，建档案，精确定计划。利用互联网新技术，为每个贫困户建二维码档案，张贴在每家门口，只要用手机扫一扫，这个家庭的贫困状况、致贫原因、帮扶措施、帮扶目标、责任人等信息就一目了然。国网马边供电公司总经理金晓峰介绍，国网扶贫工作组挨家挨户上门，了解66户贫困户的具体情况，多方会诊找穷根：从风俗、人口、家族、居住环境、生计来源等多个角度，精准分析不同家庭的贫困原因，为高石头村贫困户设一户一档，建立了精准档案，并制定了一户一策帮扶措施。

第二步，抓培训，精细授技能。村民阿底娃儿原本靠种玉米和土豆为生，国网四川电力通过技术培训，教给了阿底娃儿养鸡的技术。培训帮助阿底娃儿找到了脱贫的办法。在村里举行的养鸡比赛中，阿底娃儿领养的20只鸡苗，一只比一只肥壮，没有一只落下。100%的成活率，使他当仁不让获得冠军。领取奖牌奖金后，他得意地向乡亲们介绍经验："关键是要认真接受培训，注意卫生防疫，科学养殖。下一期我要养更多。"

第三步，搞竞赛，激励促成效。那些不具备外出能力的村民，在家搞起了养殖。由国网四川电力免费向养殖户供应鸡苗，按照规则，搞养殖竞赛。在各家分散养殖的同时，为壮大集体经济，国网四川电力扶贫工作组出资在一座山坡上修建了1万只规模的生态鸡养殖场，吸纳了村里10名劳动力就近就业。为解决高石头村生态农副产品销路问题，国网扶贫工作组帮助66户贫困户联合成立了合作社。各家各户养殖的"跑山鸡"以及其他农副产品，由合作社以兜底价收购，合作社再通过彝兴农业公司销售形成利润后，最后在每年底根据贡献大小再次分红。

第四步，搭平台，产业成体系。除了"跑山鸡"，高石头村还有老腊肉、山竹笋、山核桃、小花生和彝绣等富有民族特色的土特产品，由于没有形成产业、创出品牌，这些优质农产品养在深闺无人知，卖不了或卖不出钱。把高石头村的优质生态产品推向更广阔的市场，为彝族同胞打造一个可持续发展的产品销售平台，才能从根本上解决脱贫致富的课题，才能防止扶贫返贫再扶贫怪圈。国网四川电力为此专门成立了马边彝兴农业公司。林双庆介绍，考虑到彝族农户抗风险能力和经营意识不强，通过彝兴公司整合营销高石头村的农产品，建立一个可持续发展的致富平台。彝兴公司采用"互联网+"的概念，通过微信、微商，正线上线下同步展示，定向销售高石头村生态特产。

第五步，建联盟，合力奔小康。在国网四川电力扶贫模式5个环节中，脱贫仅仅是起步，全体奔小康才是目标。为夯实前期扶贫成果，发挥龙头企业的带动作用，国网四川电力扶贫工作组向马边县委、县政府提出成立"马边扶贫联盟"，整合在马边开展扶贫的各方力量，共享扶贫资源。在高石头村之后，他们又把柏香村、珍珠桥村列为对口帮扶点，以"基地（农户）+合作社+彝兴公司"模式，让马边更多贫困农户受益，尽快实现脱贫目标。

如今，国网四川电力探索设计的"五步走"模式在四川省脱贫攻坚战场上得以复制、推广，助力更多少数民族地区脱贫和可持续发展。

破大凉山之难

阿吼村隶属凉山州喜德县光明镇，距县城约17公里，是一个彝族聚居村。该村辖4个村民小组，现有住户128户493人，党员23名，建卡贫困户73户297人。2015年，该村年人均纯收入仅1500元左右。

2016年3月，阿吼村被确定为国网四川电力、国网凉山供电公司、国网喜德县供电公司"三级"对口扶贫村，在帮扶过程中，国网四川电力着眼开发式扶贫，变间接帮扶为直接参与，变"输血"帮扶为"输血""造血"同步，变"大水漫灌"为"精准滴灌"，提高阿吼村可持续发展能力，走出了一条极具特色的开发式扶贫道路。

国网四川电力共产党员服务队队员与阿吼村村民入党宣誓

结对帮扶以来，国网四川电力公司、国网凉山供电公司、国网喜德县供电公司先后择优选派了两名驻村第一书记进行进村入户调查，摸清情况。在阿吼村驻村的两名第一书记手中，都有一本被写得密密麻麻的工作笔记。他们与阿吼村村干部一道跋山涉水、走村串户，对贫困户进行深入调研，为以后精准施策、一户一策、科学制定脱贫方案提供了详细依据。

通过"驻村第一书记"，凉山供电公司所属党组织与帮扶村党支部开展共建活动，建立了党支部活动室和青少年活动室等，发挥基层党组织的战斗堡垒作用和党员的先锋模范作用。

党组织和党员的结对帮扶活动在阿吼村的脱贫攻坚中随处可见。凉山供电公司每位负责人都结对一户贫困户，按照"扶植、扶智、扶志"要求，发挥着示范引领作用。喜德县供电公司党委与阿吼村党支部开展"支部共建"活动，直属党支部与阿吼村贫困户实施"一对多"结对帮扶，按照阿吼村贫困户分布，每个直属支部划片与 3~4 户贫困户结对进行帮扶，发挥好基层党组织的战斗堡垒作用。凉山供电公司党员干部自愿与阿吼村五保户、残疾村民、特殊儿童等实施"一对一"结对帮扶，有效推进了阿吼村脱贫工作的开展。

脱贫致富，培育支柱产业至关重要。国网四川电力紧紧牵住产业发展这个扶贫脱贫的"牛鼻子"，在阿吼村下大力气培植支撑经济发展的种养殖优势产业。

阿吼村其实并不缺乏资源。据了解，全村拥有耕地 7500 亩，出产玉米、马铃薯、荞麦、燕麦等。然而，地处高山灌溉条件差，农户经济能力较差，花椒、核桃、白杨等经济林木不成规模，助农增收产业未形成。这些是阿吼村的现实痛点，也是未来发展将要面临的挑战。

2016 年 6 月 1 日，国网凉山供电公司组织动员阿吼村贫困户，每户出资 200 元，成立了养殖专业合作社，同时对阿吼村农村合作社章程、管理制

国网四川电力供电员工走进彝家宣传安全用电常识

度进行指导，建立合理的入股合作机制。随后，凉山供电公司组织开展阿吼村阉鸡养殖劳动竞赛，将企业的竞争激励机制引入帮扶工作，由合作社出资给每户贫困户发放 5 只鸡苗，待阉鸡养殖出栏后由农业现代公司进行回购销售。2017 年春节前，凉山供电公司举办了"办年货、促特销"活动，共收购贫困户阉鸡 198 只，共为贫困村民增收 37080 元，户均增收 700 元，按每户养殖成活率进行最高 400 元的表彰奖励，激发广大贫困户劳动生产积极性。

贫困地区不仅需要传统捐钱捐物的"输血"式扶贫，更需要产业发展这种"造血"功能的强化。凉山供电公司联合业内领先的研究机构和企业的优势资源，共同探索出一条阿吼村可持续发展之路，在阿吼村初步形成了"公司＋专业合作社＋贫困户"的产业扶贫发展模式。

既出资金、出思路，又出人才、出管理的全方位扶贫脱贫实施方案效果已经显现，村民集体经济收入将不断增加。2016 年底，国网四川电力捐赠资金修建的 210 平方米的羊圈完工，截至 2018 年 8 月共养殖高山绵羊 238 只；同时把荒地开发投资种植的 20 亩羌活苗和 20 亩百合苗已植入土地；2017 年 5 月 18 日，国网四川电力又分别发放播种 70 万株羌活苗和 10 万株百合苗，这将大大增加村民集体经济收入。优质种子和种羊、鸡苗，承载着阿吼村村民"奔向新生活"的梦想，在阿吼村这片土地上繁衍生息。

在国网四川电力的帮扶下，阿吼村贫困户人均年收入从 2015 年的 1500 元增长到 2017 年的 5503 元，超出国家脱贫标准 2203 元，顺利通过四川省、凉山州检查验收，实现整村脱贫。

从痛处下手，在难处发力，国网四川电力对四川省深度贫困地区的倾情帮扶，得到社会各界的一致认可。2016 年以来，公司先后荣获"四川十大扶贫爱心组织"提名奖、四川省国有企业脱贫攻坚考核优秀等次、四川省定点扶贫工作先进单位等荣誉称号。

凯德集团

凯德集团是亚洲知名的大型房地产集团，总部设在新加坡，并在新加坡上市。凯德集团凭借其雄厚资产、庞大的市场网络、先进的设计理念和卓越的开发及运营管理能力，持续开发优质房地产产品与服务。集团的全球房地产业务多元化，包括商业综合体、购物中心、租赁公寓及酒店、办公楼、住宅、房地产投资信托及基金业务。集团业务以新加坡和中国为核心市场，而以越南和印尼为新兴市场。凯德集团房地产基金管理业务的规模和水平，在亚洲也享有盛誉。

凯德集团于 1994 年进入中国，中国是凯德集团在海外最大的市场。经过 20 余年的发展，凯德已在中国 41 座城市拥有 / 管理超过 180 个项目。

目前，凯德在中国的总开发规模约 2,200 万平方米，管理的总资产超过 2,000 亿元人民币。凯德致力于创新性地构建和实践综合体战略，以契合新型城镇化的趋势，实现社会、企业、个人的可持续发展，与中国共成长。

为明天，再发力

——凯德集团支持中国贫困儿童公益事业发展

儿童发展关系国家未来和民族希望，关系社会公平公正，关系亿万家庭的幸福。改革开放特别是进入十八大以来，我国儿童健康、教育水平明显提高，儿童生存、发展和受保护的权利得到有力保障，提前实现了联合国千年发展目标。但总体上看，我国儿童事业发展还不平衡，特别是集中连片特殊困难地区的 4000 万儿童，在健康和教育等方面的发展水平明显低于全国平均水平。

凯德集团始终致力于成为良好的企业公民。秉承"树人建宇"的企业理念，除了为公众创造充满生机活力的综合社会空间，打造高品质城市生活方式，还尽其所能回馈社会，实现与社会、社群共成长。

将公益当成一个专门事业来做

为了更加有效、更为持续地开展公益行动，凯德于 2005 年成立专项慈善基金——凯德希望基金，并将集团每年净利润的千分之五投入 0-21 周岁贫困弱势儿童的健康、教育和生活重建项目，支持儿童公益事业发展。同时，集团成立专门团队负责公益项目的运作，并为集团员工每年提供三天的志愿者服务假，从制度上保证了开展公益举措的可持续性和专业性。随着凯德在华业务的深入开展，为了帮助当地社群，集团于 2011 年在中国扶贫基金会下设二级专项子基金"凯德中国希望基金"，投身中国的扶贫公益事业大潮，为精准扶贫贡献凯德力量。

凯德中国希望基金是凯德希望基金在华设立的分支，旨在帮助 0 至 21 周岁中国弱势儿童的教育、健康与生活重建。至今，凯德中国希望基金已经建立了五个长期发展的核心项目，包括凯德希望小学、凯德育才、凯德·我的第一个书包、凯德·儿童康复计划和凯德·社区关爱项目。这些项目都是围绕着凯德的根本公益理念设立的，重在取得可持续性的帮扶效果及影响力。

将公益长期化、持续化

2014 年 12 月 25 日，国务院印发《国家贫困地区儿童发展规划（2014 — 2020 年）》（以下简称《规划》），部署进一步促进贫困地区儿童发展工作，切实保障贫困地区儿童生存和发展权益，实现政府、家庭和社会对贫困地区儿童健康成长的全程关怀和全面保障。《规划》明确，要重点围绕健康和教育两个儿童发展的核心领域，兼顾儿童福利和安全，实施新生儿出生健康方面、儿童营养改善方面、儿童卫生医疗保健方面、儿童教育保障方面、特殊困难儿童教育和关爱方面的政策措施。

阻断贫困代际传递，让儿童发展才是治本之道。《国家贫困地区儿童发展规划》强调，对集中连片特殊困难地区农村儿童的健康和教育，要实施全过程的保障和干预，编就一张保障贫困地区儿童成长的安全网。投资一个孩子，改变他的命运。

凯德深知，公益的力量贵在坚持。贫困地区短期内难以实现发展跨越，从儿童发展入手，对于阻断贫困代际传递有重要意义。我们通过一系列措施，将对贫困儿童的扶住涵盖健康、教育等多个维度。为了帮助贫困的残障孩子实现健康的梦想，能够自立、自强、融入社会，从而使自己及家庭摆脱"因病致贫"的困境，凯德集团开展了"凯德·儿童康复计划"。自2012年该项目实施以来，凯德集团先后资助了贫困弱势儿童的"聋儿听力重建""肢残人复健——重塑未来"及"唇腭裂手术"等公益项目，直接为近160名患有先天性耳聋及肢体残疾的患儿进行了手术，为313名患先天性唇腭裂残疾的患儿进行了手术。

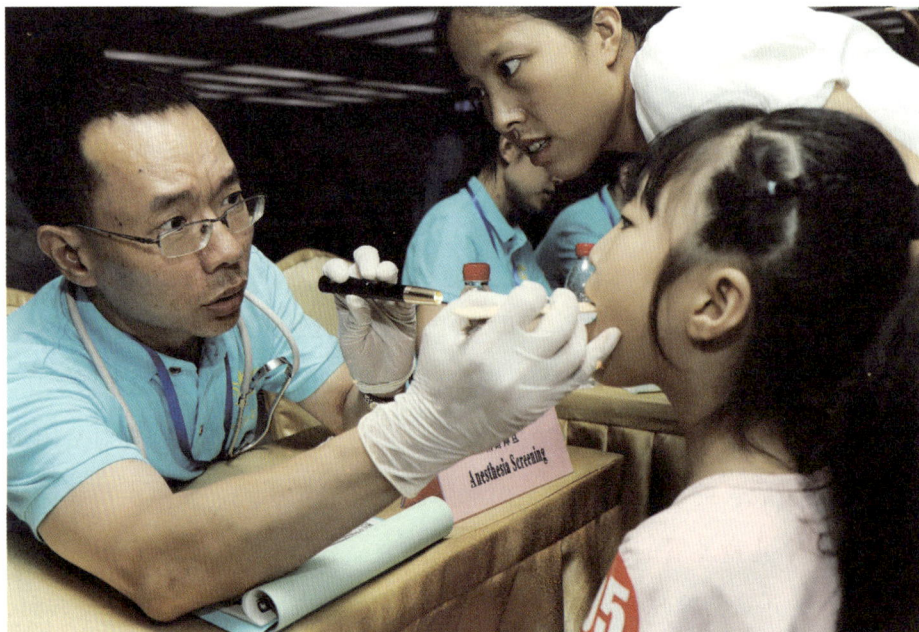

凯德集团开展了"凯德·儿童康复计划"

读书改变命运。凯德集团自2004年以来，在中国共捐建25所凯德希望小学，为中国的贫困地区捐建校舍，保证当地孩童的上学权益，改善他们的上学环境。除了捐赠校舍，凯德员工志愿者积极组织希望小学探访活动，持续给希望小学的孩子们提供物资援助与陪伴关爱。

凯德长期核心公益项目之一的"凯德·我的第一个书包"，旨在以捐赠爱心书包为载体，让弱势儿童感受到来自社会的温暖和关爱，提升孩子们的学习热情，从而有机会通过努力学习，改变自己的命运和家庭的贫困状态。自 2010 年开展至今，惠及 16 万中国贫困县市包括凯德希望小学的一年级儿童，并有千余名凯德员工参与了志愿服务。

为了更好地支持贫困儿童完成学业，凯德"育才项目之助学金计划"自 2013 年开展以来，凯德希望小学的贫困且品学兼优的学生累计受益 768 人次，使其在学习生活中不用过多顾及生活的贫困对其学习的影响，目前有些同学已经进入当地高中，未来一两年将迎来他们的高考。

每个孩子的梦想都是伟大的，都值得被尊重。为了帮助贫困孩子实现梦想，给贫困家庭的孩子提供一个公平的竞争环境，不让贫困限制了理想，凯德推出"凯德育才艺术基金"，在 2012 年和 14 年分别帮助了 2 名来自凯德希望小学的贫困学生拓展他们的艺术天赋，追寻自己的人生梦想。目前，其中两名受助者已经顺利地完成了他们的高中学业及艺术学习。一位考入大学继续深造，另一位则回到自己的家乡成为一名舞蹈老师，继续帮助当地的孩子完成他们的梦想，把爱传递下去。

将公益专业化

由专业的人做专业的事情才能保证效果。凯德集团所有的公益项目都会寻求相关领域的专业机构作为合作伙伴以保证项目实施的效果。同时凯德也利用自身的专业优势在开发青少年的想象力及创造力，不断在提高青少年素质教育方面进行有益的尝试。

"小小建筑师"是凯德集团开发的一项特色课堂活动，广泛开展在所有的志愿者探访活动中，得到了师生极高的赞誉。

凯德集团在贫困地区开展"小小建筑师"活动

将公益平台化

目前，我国贫困地区儿童发展工作在国务院统一领导下，实行地方为主、分级负责、各部门协同推进的管理体制。为发挥社会力量作用，各级政府积极引导各类公益组织、社会团体、企业和有关国际组织参与支持贫困地区儿童发展。

公益离不开广泛的社会力量。凯德集团通过创新举措，建立"为明天"社会公益平台，旨在以企业之力搭建平台，吸引更多人关注公益事业，参与志愿服务。

凯德"为明天"公益平台，通过积极倡导志愿服务精神和理念，号召集团员工及广大社会公众加入志愿者活动，力所能及地贡献自己的力量。自2007年起，"凯德·为明天公益行"共有超过 30,000 名社会及员工志愿者参与，提供累计超过 100,000 小时社区志愿服务。

凯德集团始终秉承专业化、平台化、可持续发展的公益理念。身体力行的同时，整合多方资源不断壮大社会公益力量，搭建起汇集公益组织、爱心企业、社会名人、综艺 IP、广大志愿者在内的全方位公益网络联盟。

"为明天·一起善行"大型体验式公益活动即是在"为明天"这一公益平台下推出的成功案例。在 2014 年、2016 年和 2017 年连续举办的三届"为明天·一起善行"大型公益活动中，召集了超过 1.4 万名志愿者参与活动报名，近 8000 名志愿者参与线下活动，69 名爱心大使参与线上线下互动，222 家支持机构和爱心商家共同支持公益活动，实现了近 1500 万媒体价值、1150 万微博曝光量，并直接帮助了三个公益项目、42 个社区公益机构点的运营。此外，更是在第三届"为明天·一起善行"大型公益活动中首次尝试实验艺术体验形式，志愿者用情感与帮扶对象相连。三届活动所扶助的弱势群体涵盖了残障儿童、听障儿童和留守儿童，并在活动后为期一年内持续组

凯德集团开展"为明天·一起善行"公益活动

织志愿者前往项目资助地开展探访活动，开创了志愿服务体验的全新模式。

"十年树木，百年树人"，凯德始终秉承"树人建宇"的企业理念，在自身积极回馈社会的同时，还致力于搭建更广阔的公益平台，汇聚更多充满爱心的社会力量和公益伙伴，携手努力，构建更美好的社会和未来。

中国保险学会

中国保险学会（The Insurance Society of China）是从事保险理论和政策研究的全国性学术团体，是由保险界和相关领域的有关单位和专业人士自愿结成的非营利性社会组织。中国保险学会接受业务主管单位中国银行保险监督管理委员会和社团登记管理机关国家民政部的业务指导和监督管理。

目前，中国保险学会共有 279 家单位会员，其中保险公司 125 家，资产管理公司 9 家，保险中介公司 17 家，科研、教学单位 82 家，省市保险学会 37 家，其他相关机构 9 家；理事席位 425 个，其中常务理事席位 138 个。

扎牢扶贫"安全网" 筑牢民生"兜底线"

——中国保险学会搭建平台引导保险行业积极参与脱贫攻坚

中国保险学会是国家一级社团组织，是保险行业的高端智库。近年来，中国保险学会以习近平总书记关于扶贫的重要论述为指引，积极响应党的号召，把脱贫攻坚工作作为学会的一项重要工作来抓。

保险业以风险保障为"立业之本"，是一个具有"扶危济困、雪中送炭"特征的行业，直接面向最广大的贫困人口和社会弱势群体，与扶贫有着天然的内在联系。近年来，保险业认真贯彻落实党中央、国务院关于扶贫开发、脱贫攻坚的系列重要指示精神，紧密结合行业特点和扶贫开发工作实际，在各级政府和相关部门的大力支持下，凝心聚力，主动作为，不断创新支持扶贫开发、助推脱贫攻坚的路径与措施，在助推脱贫攻坚方面取得积极成效，成为国家扶贫开发事业的重要推动力量和参与者。十八大以来，为更好引导保险行业参与脱贫攻坚，根据中国保险学会特点和职责范畴，学会成立了扶贫工作领导小组，指定部门和专职人员负责政策的制定和项目的落实工作，积极与上级主管机关、中国扶贫基金会、保险机构、社会团体联系，在学术引领、智力支持、项目扶植等方面积极开展助推脱贫攻坚工作。

为教育扶贫搭建平台

2018 年 9 月 21 日，"善行天下·保险扶贫"爱心基金 2018 年捐资助学活动在湖北武穴再次启动，本次活动共资助学生、教师达 300 余人，发放资助金额 121 万元。

2017 年 8 月 4 日，"善行天下·保险扶贫"爱心基金 2017 年捐资助学活动向 250 名贫困学生、30 名乡村教师现场捐助了 64 万元。

2016 年 8 月 21 日，"善行天下·保险扶贫"爱心基金在湖北武穴正式启动，270 名贫困师生现场接受了该爱心基金的捐助共计人民币 61 万元。

2016 年，为响应习近平总书记关于"扶贫先扶智，绝不能让贫困家庭的孩子输在起跑线上"的讲话精神，学会与中国保险报业股份有限公司、天安人寿保险股份有限公司、永达理保险经纪有限公司等相关机构及其他社会爱心机构人士共同发起成立"善行天下 保险扶贫"爱心基金。

中国保险学会启动"善行天下·保险扶贫"爱心基金捐资助学活动

基金成立后，姚庆海会长分别于 2016 年 8 月、2017 年 8 月和 2018 年

9月，三次带领学会党员干部深入大别山老区，深入体验老区贫困，现场开展捐资助学活动。"保险业应当积极履行社会责任，助力教育扶贫，通过资助贫困地区的孩子，使人才实现快速增长。"姚庆海信心坚定，中国保险学会下一步将集中力量做好保险业的风险保障研究工作，在三大攻坚战中发挥保险业的作用，与爱心人士一起做好扶贫工作。

"善行天下 保险扶贫"爱心基金定位于精准扶贫，特别是教育扶贫。帮助大别山革命老区家庭经济困难学生圆读书梦，帮助家庭经济困难的教师培育更多的人才，帮助老区各地推进教育事业均衡、优质、特色、持续发展为目的，已连续三年在大别山革命老区开展捐资助学活动，累计捐资助学409万余元。在具体实施过程中，该项目以武穴市共有建档立卡贫困学生5774人，12所重点贫困村学校为主要扶贫对象，在当地政府和教育系统的帮助下，所有受助对象的最终确定都经过了个人申请、学校申报、镇初或高中学校初审、武穴市学生资助管理中心逐一入户审核等步骤，所以当部分贫困师生的家境和事迹在仪式现场大屏幕上播放出来时，不少嘉宾情不自禁地流下了热泪。贫困学生刘文强、蒋文丽和扎根山区、家庭生活拮据的优秀教师夏三全在接受捐助后表示，绝不因贫困而气馁，学习将更刻苦，教学将更认真，成绩将更优异。

为健康扶贫汇聚力量

因病致贫返贫是我国贫困问题的主要诱发因素，在各种诱发因素中占到40%多的比重。要使广大贫困人口实现真正的脱贫，需要充分利用商业健康保险的作用，通过保险的风险保障作用来帮助解决相关问题。为此，学会以健康保险为切入口，汇聚众多社会力量，为健康扶贫贡献保险力量。

为大病所痛，为大病孩子而累，这是贫困山区农村家庭绕不开的一个话题。"小病拖，中病捱，大病才往医院抬。20元钱，换做一件实物，对孩子的帮助可能微乎其微，但如果是一份"大病保险"，则有可能在危急时刻，为孩子们提供一笔救命钱。

为了缓解贫困地区患儿家庭因病致贫因病返贫问题，助推国家脱贫攻坚战略，2012 年 2 月，王振耀、李亚、张泉灵、赵普等知名媒体人与中华少年儿童慈善救助基金会共同发起设立了具有合法公募资格的公益项目——中国乡村儿童大病医保公益基金。

五年多来，中国乡村儿童大病医保公益基金借助保险业的精算、运营等专业力量，利用普惠性质的商业保险，以 0–16 岁儿童为对象，在全国 11 个贫困县实践了建立在新农合和国家大病保险之上的补充医疗保障解决方案，形成了"政府+公益组织+保险公司"的乡村儿童大病医保健康扶贫模式，即：地方政府提出需求、支持项目落地，公益组织提供方案、调动社会资源，保险公司提供服务、践行社会责任，通过三方的协调运作和公益基金的封闭滚动使用，有效缓解乡村大病患儿家庭的因病致贫、返贫问题。

家住湖南省新晃县晃州镇两河口村的姚美璇，2016 年被确诊为血小板减少性紫癜，这是一种以血小板减少为特征的出血性疾病，在治疗期间总共花费 11 万余元。在获得城乡居民医疗保险报销、"大关爱制度"医疗救助后，他又得到中国乡村儿童大病医保公益基金项目救助 1.1 万元，治疗费用基本得到解决。

据悉，2017 年年底，新晃县共计有 187 名患儿通过中国乡村大病医保公益项目得到救助，救助金额达 1076703.43 元。2018 年，中国乡村儿童大病医保新晃试点项目将采取直付模式，即患儿家长只需要通过支付宝平台拍照上传相关资料，即可快捷便利地获得理赔款项。

中国乡村儿童大病医保公益基金项目在现有医保体系的基础上，为每个儿童每年额外增加 40~50 元的费用，即可从保险公司获得全病种住院医疗费用年度自费不超过 1 万元、最高保额为 30 万元的补充医疗保障，保险公司作为保障服务的供给方，仅收取 2.5%~3% 最低额度的运营费用。

截至 2017 年 12 月 31 日，中国乡村儿童大病医保公益基金已在湖北、湖南、内蒙古、云南等省域的 11 个县推进实施，累计投入保费 4700 万元，超过 125 万人次的儿童免费获得了最高 30 万元的补充医疗保障，其中 7571 名儿童获得了赔付，赔付金额达 3013 万元。

保险助推脱贫攻坚是党中央、国务院赋予保险业的一项重大政治任务。姚庆海介绍，为充分发挥保险的风险保障及杠杆功能，实现对贫困人口的精准帮扶，2018 年年初，中国保险学会作为中国乡村儿童大病医保公益基金的联合发起机构，助推减轻国家扶贫开发工作重点县贫困农户家庭的儿童医疗费用负担，加快国家脱贫进程，助力打赢脱贫攻坚战。

为保险扶贫成立智库

中国保险学会是从事保险理论和政策研究的全国性学术团体，积极打造保险业高端智库。因此，学会在贯彻落实助推脱贫攻坚工作精神中，精准定位"智库"功能，充分发挥智力资源，为保险业助推脱贫攻坚工作献计献策。

为深入贯彻落实《中共中央、国务院关于打赢脱贫攻坚战的决定》关于扎实做好脱贫攻坚宣传工作有关要求精神，总结、宣传保险业服务脱贫攻坚的丰富实践、经验做法和先进典型，中国保险学会与中国保监会财险部组成联合课题组，共同开展《助推脱贫攻坚——保险业在行动》课题研究。保监会财险部面向各保监局和相关保险公司征集了各地和各公司的保险扶贫工作材料。学会抽调研究部精干研究力量，着手研究保险业助推脱贫攻坚的战略定位、主要途径、工作进展、多种模式、整体部署。书稿形成后，邀约武汉大学、首都经济贸易大学、中南财经政法大学、人保财险等学界和业界知名专家为本书审阅、批改。该课题主要成果已于 2017 年 7 月由人民出版社正式出版。该书对保险行业的脱贫攻坚工作具有一定的指导作用。截至 2017 年年底，中国保险学会已经将该书赠送监管部门和 100 多家会员单位学习参考。

灾害是贫困地区积贫返贫的一大重要因素，灾害预防又是一项系统工程，仅靠中国保险学会一家单位，或保险行业单个行业的智力资源，较难取得突破。为此，学会积极与相关单位搭建合作平台，共研灾害预防。学会与中国农业科学院信息研究所合作建立农业风险与保险实验室，为我国的农业保险提供技术支撑。2017年4月，学会推动上级主管部门中国保监会与中国地震局签订《中国保险监督管理委员会中国地震局战略合作协议》，建立中国地震风险与保险实验室，研发满足地震巨灾保险需求的地震危险性评价、地震灾害风险评估方法和技术，为制定防震减灾救灾相关政策提供智力支持，为助推脱贫攻坚工作提供科技支撑。2017年6月，学会农业保险分会和中国农业科学院农业信息研究所联合主办"中国农业保险保障水平研讨会"，共商农业保险大灾风险防范机制的建立，保监会陈文辉副主席出席研讨会，并对我国农业保险的发展情况进行了总结。2017年9月，在昆明举行的"地震风险管理创新实验室揭牌仪式暨地震巨灾风险管理学术研讨会"上，学会与云南省地震局、云南省民政厅、云南省住建厅、昆明理工大学、诚泰财产保险股份有限公司共同签署了《共建"地震风险管理创新实验室"战略合作协议》并为实验室揭牌。该实验室的建立将在缓解地震灾害损失影响、安定群众生活、防止因灾致贫、因灾返贫，加快灾后重建，促进经济社会和谐发展等方面起到积极作用。2017年11月，学会与中再集团就战略合作事宜展开座谈，并就组织开展保险助推脱贫攻坚和金融合力扶贫研究等方面的课题与中再集团领导进行了深度沟通。

为广纳社会"知源"，深度研究保险扶贫工作，学会在2017年的年度课题中专门列出两项项课题，公开向社会立项招标，研究"保险助推脱贫攻坚"。经过多轮专家匿名评审，最终西北大学的雷晓康获得"保险业助推脱贫攻坚研究——以陕西省铜川市为例"课题研究资格，安徽财经大学的李加明获得"小额信贷保证保险精准扶贫研究——基于安徽省农村妇女视角"

课题研究资格。

结对帮扶辉腾锡勒园区

中国保险学会党委把结对帮扶察右中旗辉腾锡勒园区工作作为当前乃至近三年来一项重要的工作来抓，成立了主要领导负责的工作领导小组和办公室，主要领导亲自带队深入扶贫点进行现场调研和工作对接。在调查摸底的基础上，结合中国保险学会、华安财险和扶贫点的实际情况，制定了2018年至2020年三年工作规划，确立了指导思想、组织保障、目标任务、帮扶措施、工作要求等工作思路和具体要求，为全面完成结对帮扶工作奠定了基础。

2018年9月18日至19日，由中国保险学会党委书记、会长姚庆海和华安财险总裁童清带队，邀请多家农业科技、公益扶贫的专家同行，在辉腾锡勒园区开展实地调研和帮扶对接工作。在园区召开扶贫帮扶座谈会，商议结对帮扶规划与具体工作对接事宜，并对转经召村等多个行政村展开实地考察，了解当地贫困状况与资源条件，并慰问当地贫困村民。19日上午，姚庆海会长一行与乌兰察布市主管农业和扶贫的领导举行了座谈，随行农业专家和"大病医保"公益基金介绍了有关扶贫项目，得到了市领导和相关部门的重视。

脱贫攻坚以来，学会发挥自身优势，积极参与扶贫攻坚社会组织活动，把长期以来研究探索的关于保险扶贫的宝贵经验传授给社会力量。2017年11月，学会与中国金融工会、中国扶贫基金会、腾讯公司和部分会员单位在中国保险学会召开了座谈会，商讨借助腾讯公益捐赠平台，为贫困户募集资金，办理人身意外伤害保险的可行性，达成了共同建设的意见。2018年1月15日，被中国扶贫基金会授予"社会力量参与脱贫攻坚协作交流会"发起单位，并在中国扶贫基金会召开的"社会力量参与脱贫攻坚协作交流会"

上，贡献保险扶贫的宝贵经验。

同时，学会积极与地方开展关于保险扶贫的系列交流活动，并大力支持地方保险扶贫工作。2017 年 11 月，湖北保险学会、《中国保险报》等单位联合举办了"保险扶贫大家谈"征文活动，共收到征文 520 余篇，有 48 篇征文获奖。2016 年 9 月，学会通过与西藏自治区四川商会、西藏特色产品行业协会、四川省西藏商会等三家商协会签订全面战略合作协议，共同促进保险扶贫援藏工作，为企业和个体减少做事创业的风险之忧，助力西藏市场经济更加健康发展。为此，学会还专门成立了"保险扶贫援藏"课题研究小组，并由会长姚庆海率领研究小组赴成都、拉萨、林芝等地开展调研，并与西藏保监局和三家商协会进行业务探讨。

保险助推脱贫攻坚是党中央、国务院赋予保险业的一项重大政治任务。姚庆海强调："发动全行业力量，找准扶贫攻坚着力点，发挥保险的风险保障及杠杆功能，实现对贫困人口的精准帮扶，既是保险业义不容辞的社会责任，也是保险业应有的担当与使命。"

中国兵器工业集团有限公司

中国兵器工业集团有限公司是中央管理的国有重要骨干企业，是国家安全和全军装备发展的基础，是陆军装备研制生产的主体，是全军毁伤打击和信息化装备发展的骨干，是国家实施"走出去"战略的支撑，是国家推进军民融合深度发展的主力。

集团公司始终坚持国家利益至上，将军品科研生产保障放在首要位置，是各大军工集团中唯一一家面向陆军、海军、空军、火箭军、战略支援部队以及武警公安提供武器装备和技术保障服务的企业集团。同时，集团公司深入贯彻军民融合深度发展战略，积极推进军工技术民用化、产业化，大力发展军贸、战略资源开发、国际工程承包、产品出口及技术引进等国际化经营业务，深入贯彻落实国家"一带一路"战略部署，着力推动我国装备"走出去"和国际产能合作，为服务国家国防安全和国民经济建设做出积极贡献。

为脱贫攻坚战贡献"兵工"力量

——中国兵器工业集团有限公司发挥优势助力脱贫攻坚工作

"兵工定点扶贫援建项目的实施,为贫困农民群体送来了福祉,也带来了发展机遇,进一步增强了我们打赢脱贫攻坚战的信心和决心。"这是来自贫困县干部对中国兵器工业集团有限公司(以下简称集团公司)帮扶的高度评价。自脱贫攻坚战打响以来,集团公司充分认识到扶贫开发工作的重要意义,在党中央、国务院的正确领导下,自觉发挥中央企业履责表率作用,将履行社会责任列为新时期集团公司三大任务之一,将扶贫开发作为长期性工作,扶贫开发工作取得了较好成效。

云南红河县全景

自集团公司成立以来,积极承担扶贫开发工作。2002年至今,连续帮扶云南红河县，直接投入累计达到 4621 万元。自 2013 年起，在新一轮定点扶贫工作中，集团公司又增加了定点扶贫黑龙江省甘南县的工作，结合自身优势并借鉴红河县扶贫工作经验，集团公司在甘南县开展了兵工抗旱、饮水井、蔬菜大棚、计算机教室、贫困高考毕业生助学金等特色项目，直接投入累计达到 1809 万元。

涓涓细流，汇为江海；拳拳真情，铸成大爱。2011 年，集团公司在中央扶贫工作会上获得先进集体称号，2012 年，被国务院国资委授予"中央企业扶贫开发先进单位"，云南省也将集团公司评选为扶贫先进单位。

"软硬兼施"——为贫困地区教育而战

教育对于贫困地区脱贫致富有着基础性、先导性作用。习近平总书记指出，"扶贫先扶志，扶贫必扶智。让贫困地区的孩子们接受良好教育，是扶贫开发的重要任务，也是阻断贫困代际传递的重要途径"，为我们做好教育精准扶贫工作指明了方向，提供了遵循。在定点扶贫工作中，集团公司采取"软硬兼施"的办法，从改善贫困地区教育资源硬件条件入手，在提升教师资源及教育质量等软件条件发力，切实打好这场教育扶贫的战役。

自 2002 年起，集团公司持续在云南省红河县开展教育扶贫，将重点放在乡镇学校、村级小学，援建了"中国兵器期垤希望小学"，并为多所中小学捐赠"兵工课桌"、电教化设备和音体美器材，为对口帮扶学校援助修建宿舍，改善了学校信息化教育及教学办公、住宿条件。在黑龙江省甘南县也开展了计算机教室、助学金等教育扶贫项目。

在红河和甘南两县，集团公司先后为两县中小学建立了 57 个计算机教室，累计投入资金 700 多万元，满足了 4 万多名学生的使用需要。计算机教室的建立一方面极大地缓解了计算机教学和计算机等级考试的需要，另一方面通过计算机教学为贫困县的孩子们了解外界开辟了一个新的窗口。

红河县 95% 以上都是山区，人口居住分散，教育资源稀缺，学校分布不能满足学生就近上学的需求，很多学生住校，还有很多走读的学生中午只能在校就餐。而学校学生食堂存在着设备缺乏、卫生条件差、供求不平衡等问题，有的学生因吃的饭菜不卫生而生病，有的则吃不上热的饭菜。为解决上述问题，集团公司实施了兵工学生食堂项目，投入 180 万元，为红河县 30 所中学、中心小学配置食堂设备，实现了红河县中心小学和中学的全覆盖，25000 多名学生每天可以吃上热腾腾的饭菜，使学生用餐得到了保障。

针对红河县大部分学校的课桌椅都很破旧的问题，集团公司集中开展了调查，并策划了兵工课桌项目，以此来集中改善中小学校的基本教学条件。兵工课桌椅项目，投入资金 220 万元，为红河县购置学生课桌椅 7600 套，15000 多名学生受益，解决了红河县中小学课桌椅短缺问题，让孩子们再也不用在简陋的长条桌椅上上课。

教育是提高扶贫对象自我发展能力的关键，教师则是教育的关键。集团公司注重提升当地师资水平，2011 年举办"中国兵器工业集团公司扶贫工程云南省红河县骨干教师培训班"，对红河县中小学校长、教导主任及骨干教师共计 800 余人进行教学培训，占红河县教师总数的 30.6%，探索出了一条"有规模、可持续、见实效、能执行"的教育扶贫模式。

上大学是每个孩子的梦想，也是每个贫困家庭摆脱贫穷的希望。但是有的贫困学生通过艰苦努力考取了大学，起飞的翅膀却因缺少入学的费用而折断，这难免让人心酸。为了放飞这些贫困的莘莘学子梦的翅膀，助他们的家庭走出贫困的泥沼，集团公司在甘南县开展了兵工助学金项目，累计投入资金 87.5 万元，帮助 190 名困难家庭新入学的学生解决入学资金，为他们跨入学校提供帮助，解决贫困学生入学难问题，圆了他们的上学梦。

少年强则中国强。在集团公司的帮扶下，红河县和甘南县的教育硬件、软件水平都有了很大程度的提高，让教育真正成了阻断贫困代际传递的一把利器。

产业发力——为贫困群众的"钱袋子"而战

"授人以鱼不如授人以渔"。要想改变一个地区的贫困状况，还需要不断改善基础条件，通过发展产业带动，从而集聚人气、财气，才能繁荣富强。集团公司积极培育主导产业，通过精准选择产业，结合各地资源禀赋及农户意愿，科学谋划，合理布局，并认真分析村情民情，充分发挥规模效益，增强主导产业抗风险能力，切实提高扶贫产业的竞争力和效益。

红河县少数民族占96%之多，其中以哈尼族为主。哈尼民族历来有吃鱼的风俗习惯，在民俗节假日里有无鱼不成席的传统。但过去红河县渔业资源匮乏，民众所需的商品鱼基本是从外地高价购进。自2004年起，集团公司在云南省红河县持续推进"兵工稻田养鱼"项目，每年向村民发放的鱼苗保持在100万尾以上，使稻田养鱼面积由过去野生放养的4000多亩迅速发展到每年七八万亩，并帮助建立鱼苗基地，捐赠了活鱼运输车，援助县里组织稻田养鱼培训，初步形成了区域连片、规模生产、商品化经营的

中集团公司扎红河县帮扶的"兵工稻田养鱼"项目

格局。广大当地群众不仅餐桌上随时可吃上自己养殖的绿色无公害生态稻田鱼，而且也提高了收入。"兵器鱼"已经成为红河水产养殖的一个品牌，红河县在新一轮的经济发展规划中把稻田"生态鱼"作为了一个新的增长点。

红河县号称中国的棕榈之乡，棕丝初加工一直是中半山区农民的重要收入之一，集团公司近年帮助红河县解决了年产8000吨棕丝深加工生产线设备的设计与制造问题。集团公司联合有关成员单位，发挥他们的优势，克服重重困难完成了这项任务。2007年6月3日，12辆8吨以上货运车把整套设备从包头安全运抵红河县。这一消息促使国内棕丝收购价连续3年大幅攀升，使中半山区农民每年增收1400万至2000多万元。据估计，生产线的投产可为红河县新增工业销售收入1亿多元，解决直接就业100多人，使一大批小企业获得新的发展。

2017年4月以来，集团公司邀请中国扶贫基金会电商扶贫项目团队多次到红河县调研，9月24~26日，集团公司时任董事长、党组书记尹家绪，

集团公司指导帮扶红河县贫困群众种植的"生态米"

副总经理、党组成员贾宏谦一行到红河县考察定点帮扶工作，并与中国扶贫基金会、红河县正式签订"互联网＋扶贫"示范县建设实践战略合作协议。作为"互联网＋"时代推动贫困地区脱贫攻坚与产业发展的创新和探索，按照"以点带面、稳步推进"的原则，充分发挥各自优势并整合各类资源，以红河县梯田红米产业为切入点，选定乐育镇尼美村尼美梯田为品控管理示范基地，通过农业经营主体孵化、产品品质深耕管理、地域农产品公共品牌培育等系统性工作，支持梯田红米产业体系性提升、带动农户脱贫增收。

"互联网＋扶贫"红河县尼美梯田品控管理示范基地，位于红河县乐育镇尼美村，离县城 37 公里，下辖 12 个自然村，18 个村民小组 1306 户 5889 人，其中建档立卡户 350 户 1535 人。在集团公司与中国扶贫基金会的帮助下，在乐育镇尼美村成立了红河县木美云田种植专业合作社。截至 2017 年底，发展社员 151 户，其中建档立卡户 78 户，经过中国扶贫基金会工作人员和集团公司挂职扶贫干部的共同努力，在当地干部群众的全力配合下，按照高于市场价 0.5 元 / 斤的价格，采收红米稻谷 15 万多斤，加工红米近 10 万斤，通过互联网销售 100 多万元，平均每户销售谷子 1000 多斤，实现交易额 107 万多元，实现户均年增收 3500 元。过程中，合作社带头人及社区群众积极参与，进一步提升合作社组织动员能力及与社员互动频率。项目计划分期发展社员，最终目的要全部包括所有建档立卡户入社，助推脱贫摘帽。

2013 年，国家在新一轮扶贫开发中将甘南县列为集团公司第二个定点扶贫单位。甘南县地处黑龙江省西部，嫩江中游右岸，大兴安岭南麓与松嫩平原过渡地带，属半农半牧县。2011 年被重新确定为国家扶贫开发重点县和大兴安岭南麓特困片区县份。截至 2016 年，甘南县有贫困村 40 个，占全县行政村总数的 42.1%；贫困人口 3 万人，占全县农村总人口的 11.5%。

甘南县作为国家级贫困县，经济发展水平总体不高，特色产业链短，尤其是农业以种植业为主，以户为单位开展生产经营，产品结构单一，机械化程度不高，畜牧业发展相对滞后。2014 年初，集团公司在实地考察、调研的基础上，根据当地产业发展实际和村民意愿，选择了以阳光节能大棚项目作为切入点，以种植业发展带动贫困户实现稳定增收的产业扶贫工作思路，将"输血式"扶贫转变为"造血式"扶贫。

集团公司成立扶贫开发领导小组，组织北方夜视科技集团、华安集团、北方公司、北方车辆研究所等 20 余家子集团参与实施扶贫项目，其中，华安集团承担甘南县定点扶贫具体组织工作。同时，集团公司先后派出韩兆全、栗勇、吴宝明等 3 位同志到甘南县挂职副县长和驻村第一书记，负责兵工援建项目的落实。

通过阳光大棚项目的实施，初步达到了经济发展上有思路、发展资金上有补充、农民收入上有突破、贫困面貌上有改观的扶贫成效，示范引导更多贫困户共同走上脱贫致富道路。2014—2016 年，集团公司阳光节能大棚项目带动了 290 户贫困户实现稳定增收，解决了 305 个贫困人口的就业问题，其中，2016 年集团公司直接帮扶甘南县建档立卡贫困人口 74 人脱贫。集团公司阳光大棚项目经济效益明显，受到了甘南县委、县政府及当地老百姓的一致好评。

创新管理——为全面小康而战

中国特色扶贫开发道路是中国特色社会主义道路的重要组成部分。打赢脱贫攻坚战，是全面建成小康社会的标志性指标，是解决发展不平衡不充分问题的关键之举。集团公司清醒认识到打赢脱贫攻坚战面临的困难和挑战，切实增强责任感和紧迫感，从管理和模式入手，集中力量攻克贫困的难中之难、坚中之坚。

为了更好地完成定点扶贫的任务，集团公司不断加强扶贫工作的管理，将扶贫资金纳入全年预算管理，对扶贫工作事项按照《集团公司对外捐赠管理办法》有关规定实行审批、备案管理。定点扶贫工作要经集团公司办公会审议后下达年度工作计划，实施工作要定期组织相关实施单位进行实地调研与推进，年度工作要在每年末和下一年初开展总结与制订工作计划，以规范和提升扶贫工作。

为了进一步做好点扶贫工作、提升工作成效，长期以来，集团公司不断摸索创新管理方式，走出了一条以项目管理方式开展定点扶贫工作的新路子：将扶贫项目集成为一个个项目，制订项目推进计划，明确内容和节点，安排牵头组织实施单位和参与单位，提出完成项目的具体要求和进度要求，并紧密跟踪项目进展情况，从而将扶贫工作落到实处，落到贫困对象身上。

在扶贫项目开发和组织上，集团公司创新采取了四"集中"的思路和模式，即"集中资源、集中人员、集中组织、集中解决问题"。集团公司集中总部和子集团的扶贫资金和人员力量，重点开展扶贫项目，将宝贵的扶贫资金和人力资源用在刀刃上。同时项目确定一个牵头组织的单位，集中统一实施，其他单位参与方案确定和成效验收，中间的实施过程集中进行组织。项目方案立足于集中解决问题，有针对性地一次性规划、分几年集中组织实施，力争从根本上解决几个实际问题或者集中优先突破几个单位的问题，从而提升扶贫工作效果。

"操千曲而后晓声，观千剑而后识器。"实践出真知，在长期的扶贫实践中，集团公司探索总结出了"兵器工业精准扶贫经验"：

1. 党组及主要领导高度重视是扶贫工作的政治保障

集团公司党组及主要领导始终高度重视脱贫攻坚工作，专题学习习近平总书记和李克强总理关于打赢脱贫攻坚战三年行动的重要批示，研究部署集团公司扶贫工作贯彻落实党中央、国务院要求，主要领导和分管领导多次带队赴定点扶贫县考察调研，现场办公推进扶贫工作深入开展，为集团公司扶贫工作提供了坚强的政治保障和组织领导。

2. 强化针对性是扶贫工作取得成绩的前提

集团公司坚持实事求是开展扶贫工作，每年组织相关领导人员赴红河县实地调查，带着问题走，拿着方案来，研究制订年度扶贫项目计划，确保扶贫项目符合实际需要。针对红河县经济基础薄弱、资源不足等实际情况，集团公司制定了产业上积极打造梯田立体生态经济链，以教育扶贫为抓手带动观念转变的工作思路。由于问题找得准，措施针对性强，扶贫项目发挥了较为明显的作用，也得到了广大人民群众的认同。

3. 注重可持续性是扶贫工作不断扩大成效的有效途径

集团公司始终坚持扶贫项目的可持续，采取了统筹规划、持续投入、分期实施的办法，在项目选择上充分考虑远期效应，在实施过程中采取分步实施持续推进的方式。如课桌椅、计算机教室、学生食堂等，采取长期持续投入模式，一方面减轻了企业扶贫资金一次性投入的压力，另一方面避免了因项目频繁更换而产生的华而不实。

4. 突出精准性是扶贫工作切实发挥作用的保证

集团公司始终贯彻党中央精准扶贫精神，扶贫工作从计划到实施都突出精准和精细。首先，在项目论证阶段要对实施效果进行评估分析，确保项目能对当地发展起到积极作用。其次，在实施过程中跟踪实施情况，发现问题及时调整，确保项目实施符合实际情况避免走形式。最后，在项目实施完成后收集信息数据对实施效果进行评价，与预估情况进行对比，查找不足，总结经验。如计算机教室和学生食堂均"一校一策"配置设备，既最大限度满足了学校需求，又最大限度地发挥了投入资金的作用。

5. 提升扶贫模式创新性是扶贫工作取得突破的法宝

2017 年，集团公司在原有的产业扶贫模式下创新帮扶方式，引入互联网＋电商扶贫项目，与红河县人民政府、中国扶贫基金会签署了三方战略协议，以红河县尼美村作为梯田品控管理示范基地，运用"互联网＋"的先进理念，更好地为红河县特色农产品品牌打造、质量提升、营销渠道扩展及社区化营销发展提供有利条件，通过合作社的模式增加村集体经济，帮助建档立卡户从思想上和收入上脱贫。同时继续在增加村集体经济上持续探索和改善，努力在乡村振兴战略的指导下深入开展扶贫工作，为脱贫攻坚担负起央企应有的社会责任。

实事求是，因地制宜，不空喊口号，不好高骛远，这是集团公司一直以来完成定点扶贫任务的根本遵循。按照精准扶贫和内源扶贫的思路，将"输血"与"造血"相结合，以教育扶贫为基础，不断开拓产业扶贫项目，积极参与整村推进，持续开展、不断提升扶贫工作，投身扶贫事业，勇担社会责任，切实将扶贫开发工作落到实处，成为"真扶贫""扶真贫"的中坚力量。

中国华能集团有限公司

中国华能集团有限公司（简称中国华能）是经国务院批准成立的国有重要骨干企业。注册资本349亿元人民币，主营电源开发、投资、建设、经营和管理，电力（热力）生产和销售，金融、煤炭、交通运输、新能源、环保相关产业及产品的开发、投资、建设、生产、销售，以及实业投资经营及管理。

从1985年创立至今，在30多年的发展历程中，中国华能为电力工业的改革、发展和技术进步提供了丰富经验；为电力企业提高管理水平、提高经济效益发挥了示范作用；为满足经济与社会发展的用电需求、实现国有资产的保值增值做出了重大贡献。

中国华能秉持建设"为中国特色社会主义服务的红色公司；注重科技、保护环境的绿色公司；坚持与时俱进、学习创新、面向世界的蓝色公司"的企业使命，和"坚持诚信、注重合作，不断创新、积极进取，创造业绩、服务国家"的价值理念，不断创新，致力于建设具有国际竞争力的大型企业集团，在中国发电企业中率先进入世界企业500强，2017年排名第274位。截至2017年底，公司境内外全资及控股电厂装机容量达到1.7182亿千瓦，为电力主业发展服务的煤炭、金融、科技研发、交通运输等产业初具规模。

牢记使命 忠诚担当

——中国华能奏响脱贫攻坚、履行社会责任的华能乐章

党的十八大以来，特别是中央做出坚决打赢脱贫攻坚战的决定以来，中国华能集团有限公司（以下简称"中国华能"或"华能集团"）深入学习贯彻习近平总书记扶贫开发重要论述，坚决贯彻中央部署要求，切实履行央企政治责任和社会责任，深入推进定点扶贫和援疆、援藏、援青工作，着力在陕西、新疆、青海、西藏、云南、甘肃、宁夏等中西部贫困地区，扎实开展精准扶贫和驻村帮扶工作。

从雪域高原到天山脚下，从革命老区到偏远边疆，华能人牢记使命，不负重托，众志成城，将打赢脱贫攻坚战作为国有重要骨干企业的责任担当，按照"产业拉动和扶贫援助同步、促进发展和改善民生并重"的基本思路，助力贫困地区打赢打好精准脱贫攻坚战，帮助贫困群众实现对美好生活的向往。

构建产业扶贫大格局

"一对大点的鼓凳能卖到700元，还供不应求，要提前预订。" 云南省临沧市耿马傣族佤族自治县翁达村的一位贫困群众说，去年仅"鼓凳"

圈辫她就编了 4000 条，挣了 8000 元。在华能集团的帮扶下，翁达村成立了翁达藤篾鼓凳编制专业合作社，全村 3300 亩"省藤"产值达 300 多万元。

中国华能扶持云南省临沧市耿马县翁达村开展翁达藤篾鼓凳编制

习近平总书记在安徽考察时强调，"产业扶贫至关重要，产业要适应发展需要，因地制宜、创新完善。"李克强总理在今年政府工作报告部署脱贫攻坚任务时，也明确提出要"大力培育特色产业，支持就业创业"。脱贫攻坚战打响以来，中国华能高度重视产业扶贫工作，认真贯彻落实中央部署要求，主动作为，务实推进产业扶贫工作。

"产业扶贫是中国特色扶贫开发模式的重要特征，我国已进入扶贫开发的攻坚拔寨冲刺期，打赢脱贫攻坚战，必须进一步加大产业扶贫力度。"华能扶贫人认为，产业扶贫是完成脱贫目标任务最重要的举措，是其他扶贫措施取得实效的重要基础，易地搬迁脱贫、生态保护脱贫、发展教育脱贫都需要通过发展产业实现长期稳定就业增收。因此在定点扶贫工作中，中国华能在当地注重因地制宜，结合当地实际，大力发展特色产业。

云南澜沧县是全国唯一的拉祜族自治县，全县贫困人口数量位列云南第四、普洱市第一。华能集团计划 4 年投入 13.5 亿元集中帮扶澜沧县 20 个乡镇的 22.88 万拉祜族、佤族贫困人口。

在澜沧竹塘哈咧哈嘎肉牛养殖农民专业合作社的场区，毛色润泽的牛群在山坡上悠闲吃草，生态农庄内少数民族特色商品应有尽有。这个集养殖放牧、休闲观光、民族文化特色度假区为一体的万亩草山就是澜沧县依托龙头企业带动贫困户脱贫的项目之一，华能集团帮扶建档立卡贫困户每户 1.5 万元、贫困户每户 7000 元，由当地企业统一购买基础母牛，并对群众入股的适龄繁殖母牛群进行统一管理，形成了规模化养殖和一条龙的产销模式，其肉牛及制品在当地供不应求。

中国华能在扶贫实践中发现，对口帮扶地区虽然推进产业扶贫具有良好的条件，但受经济技术发展水平低等因素影响，当前贫困地区产业发展总体水平不高，资源优势尚未有效转化为产业优势、经济优势，成为农村贫困人口增收脱贫的瓶颈。

中国华能把脱贫责任落到实处，制定出台了《精准脱贫攻坚战"红色行动计划"工作方案》，以实际行动践行使命。该《方案》按照"产业拉动和扶贫援助同步、促进发展和改善民生并重"的基本思路，要求资源要素向深度贫困地区聚焦，激发脱贫内生动力，加强扶贫一线力量，助力贫困地区打赢打好精准脱贫攻坚战，实现贫困群众对美好生活的向往。

"我们要按照贫困地区资源禀赋深入实施产业扶贫项目，促进当地百姓就业，保障贫困户收入稳定增加。"中国华能董事长曹培玺认为，产业项目要紧紧结合贫困地区实际情况，产业发展不能脱离当地实际，否则产业不能长久持续。

因此在帮扶的产业项目上，中国华能从地方特色产业发力，从长远持久的产业项目入手，打造了一批有效益、能持久的产业项目。

陕西省榆林市横山县区的横山羊远近闻名，但由于缺乏规模养殖，缺乏品牌效应，横山羊一直没能为当地群众带来经济效益。在对当地资源优势和贫困原因进行深入调研后，中国华能扶贫干部决定以横山县区地理标志性产品横山羊肉作为扶贫与发展的结合点，确定了"互助资金＋合作社"带动贫困户增收、"电子商务＋农产品品牌"助推特色产业发展的工作思路，着手实施华能产业精准扶贫试点项目。

在横山县区双城乡王梁村，华能集团设立100万元扶贫互助基金，以借款的方式为50个贫困户提供养殖启动资金，对没有劳动能力的贫困家庭，由互助基金协会将借款以入股的方式投入养殖合作社，保障贫困户每年获得不低于2000元的稳定收益，同时也帮助合作社解决了流动资金短缺的问题。

同时，中国华能打造横山羊肉全产业链的"5C"服务体系，整合各类专业资源，成立饲草加工服务中心、养殖技术服务中心、羊肉标准品控服务中心、羊肉食品加工服务中心和产品营销服务中心，在保障贫困户增加收益的同时，为下一步全县农户整体脱贫致富，最终达到小康水平创造条件。

搭建"智志双扶"大平台

扶志就是扶思想、扶观念、扶信心，帮助贫困群众树立起摆脱困境的斗志和勇气；扶智就是扶知识、扶技术、扶思路，帮助和指导贫困群众着力提升脱贫致富的综合素质。

中国华能扶贫人认为，如果扶贫不扶志，扶贫的目的就难以达到，即使一度脱贫，也可能会再度返贫。如果扶贫不扶智，就会知识匮乏、智力不足、身无长物，甚至造成贫困的代际传递。"要从根本上摆脱贫困，必须智随志走、志以智强，实施'志智双扶'。"中国华能扶贫人认为，只有这样才能激发活力，形成合力，从根本上铲除滋生贫穷的土壤。

"他们是我们心中的依靠。"谈到中国华能的帮助时，新疆克孜勒苏柯尔克孜自治州阿合奇县村民阿依提罕·毛拉哈孜眼含热泪。2016年的一天，

中国华能全额援建的阿合奇县托河小学

阿依提罕来到村委会，找到中国华能驻村工作队，哭着说，"我儿子已经两天没吃饭了，快要退学了。"原来，阿依提罕的儿子考上了大学，但是因为家里穷，只带了很少的钱去学校，没多久就没了生活费。

"村里难得出一个大学生，一定不能让他辍学。"中国华能扶贫干部马学涛听后，当天就给她儿子汇了1000元钱，扶贫工作队队员艾麦尔江则向亲友募集捐款4700元，资助他们家。华能集团新疆公司副总工程师赵龙听说后，提出与阿依提罕家结对认亲，每月给她儿子300元生活费，并且经常约他一起吃饭，给予他学习和生活上的指导。

在对口帮扶地区不让一个贫困学生因贫辍学，这是中国华能给自己立下的"军令状"。针对受援地区当前脱贫攻坚所处的不同阶段，重点实施栋梁工程、同舟工程，开展贫困学生资助和大病医疗救助，降低困难家庭因学、因病致贫返贫概率，为贫困地区培养明天的希望。

曾经因为贫困，阿合奇县教育水平严重不足。为数不多的几所学校，校舍都是危房。学生辍学率高，老师们不愿来教。

"教育是隔断代际贫困的有效路径，我们希望这里的孩子都能接受到现代化双语教育，无障碍地融入现代社会。"秦海峰说，因此，中国华能把阿合奇县的教育作为援助重点。

2012 年，华能投资 3000 多万元，建设了华能·托河小学。干净宽敞的教学楼，先进的多媒体设备，舞台室、音乐室、美术室、心理咨询室等多功能教室一应俱全，学生们标准的普通话课文诵读声从教室里传出……走进华能·托河小学，你很难把"贫困"和这里联系在一起。

"对于华能，我们有说不尽的感激。"托河小学校长王葆荣说，华能援建之前，学校的校舍很破旧，一共只有 25 名教师，300 多个学生。全新的教学条件吸引了学生和老师前来就读和任教。如今，学校已经有 20 个教学班，692 名学生，83 名教师。"我们不再为孩子辍学发愁，也不再为招不到老师犯难。"王葆荣说。

托河小学不是华能唯一援建的学校。同心中学、团结小学、库兰萨日克乡双语幼儿园及小学……华能援建的学校遍布全县，孩子们响亮的读书声成了阿合奇县脱贫的希望之声。

除了大力推进教育扶贫工作，中国华能同时以带动贫困户增收为目标，以加强基层党建、开展党员教育和致富带头人培训为抓手，以培育农村特色产业、促进集体经济发展为着力点，助推乡村产业振兴、人才振兴、文化振兴、生态振兴、组织振兴，激发贫困地区群众内生动力，不断提高自我发展能力。

调动贫困地区发展积极性，提高贫困群众自身发展能力，推动其发挥主体作用，中国华能为贫困地区输送的是信心，是智慧。

中国华能选派的第一书记王建宏到横山县区李家洼村后发现，村里的干部群众自身发展能力不足、动力不足，蹲着墙根晒太阳，等着别人送小康。王建宏进村后第一件事，就是要带村里的干部群众走出去，学习外面的先进经验，改变他们的传统思想。王建宏先后带领村干部到陕西咸阳考察乡村旅游项目、到杨凌学习现代农业示范园建设、到靖边考察果木蔬菜大棚项目……

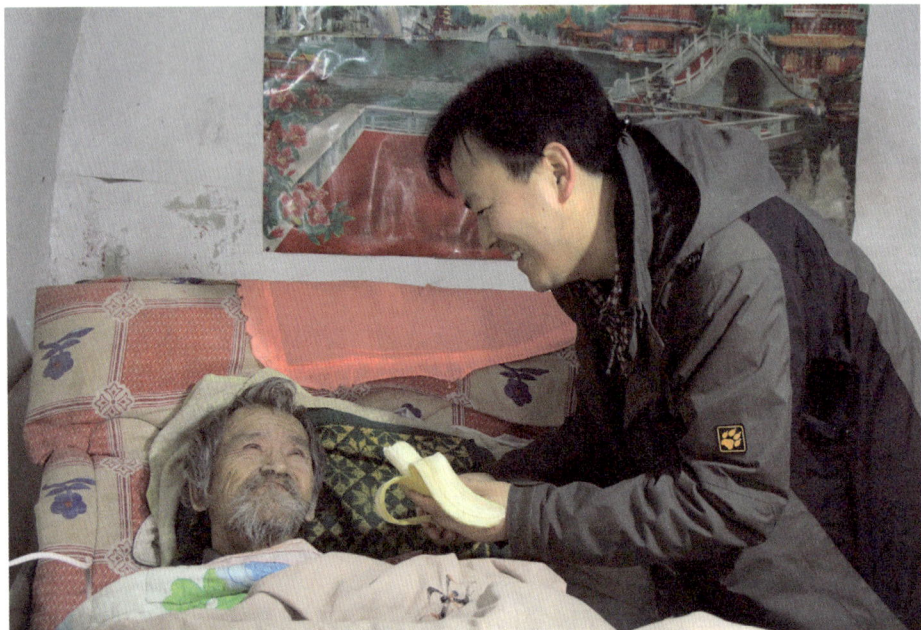

中国华能派驻陕西省榆林市横山区李家圪村第一书记看望结对贫困户

为了帮助该村确定更长时间的科学发展模式，王建宏邀请陕西科技大学管理学院教授来村里考察调研，在对接《横山县"十三五"经济发展总体规划》《横山区"十三五"经济发展总体规划》和《横山县城市建设控制性规划》《横山区城市建设控制性规划》的基础上，编制了《李家圪村"十三五"发展规划》。在王建宏的带动下，村里的干部群众纷纷动起来了，共同建起了一条为李家圪村量身定制的可持续发展的致富道路。

走出一条二十余年的扶贫路

"中国华能扶贫榆林 20 余年，历任挂职干部扶贫在一线，与榆林人民共同奋斗，结下了深情厚谊。华能扶贫办原主任牛连启同志，从 1998 年起扎根榆林扶贫，一干就是 10 年，2008 年病逝在他热爱的扶贫岗位上。"陕西省扶贫办副巡视员张录德每当想起牛连启，这位已近六旬的老扶贫干部总会泪流满面。

从 1995 年起，中国华能开始定点帮扶革命老区榆林。20 多年来，华能将提高榆林自我发展能力、改善群众生产生活条件作为工作重点，从解决革命老区群众上学难、看病难、增收难等入手，扶贫项目和资金优先向教育、医疗、生产创收领域倾斜，努力消除贫困，提高扶贫的精准度和效果。

不只是榆林，中国华能的扶贫版图遍布新疆、陕西、青海、西藏、云南等贫困地区。1995 年，中国华能成立扶贫工作领导小组，统筹归口管理系统内各单位扶贫工作。20 余年来，中国华能秉承"建设一座电站，带动一方经济，保护一片环境，造福一方百姓，共建一方和谐"的扶贫理念，作为电力生产行业的引领者，坚持"建设一座电站，带动一方经济，保护一片环境，造福一方百姓，共建一方和谐"的扶贫理念，扶贫项目和资金优先向教育、医疗、生产创收领域倾斜，努力消除贫困，提高扶贫的精准度和效果。

二十多年来，中国华能的扶贫工作在祖国各地火热开展，至今已取得诸多成效。

在新疆，中国华能于 2005 年 4 月开始定点扶贫工作，截至 2017 年 6 月底，公司在新疆总计援助 10100 万元，资金物资投入涉及贫困家庭生活帮扶、城市乡村教育、科技、文化、卫生、基础设施等诸多方面。2017 年 7 月，中央脱贫攻坚督察组到别迭里村华能"访惠聚"工作队督导调研，督导组组长、中央政策研究室副主任张季同志对华能驻村扶贫工作给予高度评价和充分肯定。

在陕西，中国华能集团公司从 1995 年起，先后在榆林市榆阳区、靖边县、横山区开展定点扶贫，重点在特色产业发展、教育事业发展和农村基础设施改善等方面实施扶贫项目。

在青海，自 2011 年以来，中国华能集团公司助力地区各项事业发展。七年来，公司累计援助 3230 万元，在尖扎县文化教育、医疗卫生、人才培养等方面开展对口支援，受到当地干部群众的充分肯定和好评。

在西藏，中国华能以电力援藏、产业援藏、人才援藏等方式，支持带动西藏地区经济发展。开展了无偿援建过渡电源、全力建设亚让电站、修路搭桥、发展产业、定点帮扶等一系列活动。

在云南，从 2006 年 12 月开始，中国华能先后启动了两轮"百千万工程"项目，累计援助约 2 亿余元，旨在打造一条澜沧江水电开发长廊和地方经济和谐发展带。从 2016 年 6 月，公司每年投入 5 亿元支持拉祜族、佤族两个少数民族 15.1 万人脱贫攻坚。公司负责帮扶云县栗树乡大田山村脱贫摘帽，累计投入帮扶资金 1022.55 万元，帮扶 65 户贫困户全部实现脱贫摘帽。

将来，中国华能将继续坚持在扶贫工作的第一线，服务 2020 年全面建成小康社会的总体奋斗目标，围绕贫困人口全面脱贫的扶贫攻坚方向，结合企业实际和地方实际，发挥公司作为能源电力企业的优势，集中资金、集中项目安排，科学谋划和扎实推进定点扶贫工作，指导驻地企业开展形式多样的扶贫帮困，为贫困地区早日脱贫贡献力量。

国务院扶贫办社会扶贫司司长曲天军 2017 年 10 月出席中国华能精准扶贫白皮书发布会时，高度评价中国华能的扶贫工作。他指出，华能集团公司作为电力行业央企，积极响应党中央、国务院号召，发挥自身优势，将保障电力供应和开展扶贫开发工作紧密结合，为央企服务中央精准扶贫基本方略做出了示范。华能率先发布电力行业聚焦扶贫工作白皮书，总结扶贫工作经验，部署扶贫工作举措，有力推进央企扶贫工作再上新台阶。"希望华能在扶贫工作一线再接再厉，助力我国在实现 2020 年全面建成小康社会的征程上不断创造新的业绩。"

碧桂园集团

　　碧桂园成立于 1992 年，历经 26 年发展，积极践行"让社会因我们的存在而变得更加美好"的企业使命，已从广东顺德的一家小型房企成长为一个项目遍布全国并逐步走向海外，业务横跨房地产开发、物业管理、酒店、建筑、现代农业、机器人、新零售等领域的大型跨国企业集团。2018 年，碧桂园再次入选《财富》世界 500 强，排名大幅攀升至 353 位，是榜单中排名跃升最多的中国企业之一。

　　碧桂园积极响应党中央号召，孜孜不倦地投身扶贫公益事业，累计公益投入超过 42 亿元，直接帮助近 20 万人脱贫。2018 年，碧桂园把扶贫上升到主业高度，结对帮扶 9 省 14 县，联动集团党委、农业公司、顺茵苗木、凤凰优选、筑梦公司等全产业链，聚焦精准到村到户到人，全面推进党建扶贫扶志、产业扶贫扶富、教育扶贫扶智、就业扶贫扶技四种模式，同时开展健康扶贫和美丽乡村建设；结合 14 县的扶贫经验率先创新建立"四库"，即产业资源库、就业岗位库、专家智库、贫困户动态数据库；制定"三个寻找"计划（寻找一批青年致富带头人、寻找一批老村长、寻找一批深度贫困户），助力人才振兴、组织振兴、产业振兴，形成具有碧桂园特色的"4+X"扶贫模式，探索一条可造血、可复制、可持续的精准扶贫乡村振兴道路。

让社会因我们的存在而变得更加美好

——碧桂园集团积极履行社会责任助推脱贫攻坚工作

消除贫困、改善民生、逐步实现共同富裕，是社会主义的本质要求，是我们党的重要使命。当前，脱贫攻坚战进入决胜阶段。党的十九大指出，让贫困人口和贫困地区同全国一道进入全面小康社会是我们党的庄严承诺，要动员全党全国全社会力量，坚持精准扶贫、精准脱贫，确保到 2020 年我国现行标准下农村贫困人口实现脱贫，贫困县全部摘帽，解决区域性整体贫困问题。习近平总书记明确提出，打好精准脱贫攻坚战是决胜全面建成小康社会的"三大攻坚战"之一，是现阶段必须跨越的特有关口，重点强调"这个底线任务不能打任何折扣，我们党向人民做出的承诺不能打任何折扣"。

作为中国新型城镇化进程的实践者，碧桂园集团及其创始人杨国强在产业报国的同时，积极投身扶贫公益事业 20 余载，为解决中国贫困问题、实现中华民族的伟大复兴贡献力量。从 1997 年第一笔大额捐款算起，碧桂园集团及其董事局主席杨国强、副主席杨惠妍为全社会捐款累计超过 42 亿元，累计受益人次超 20 万人。

从 2018 年起，碧桂园集团积极贯彻落实党的十九大精神，把扶贫上升到主业的高度，确立地产是扶贫基石、扶贫优于地产的"双主业"发展模式，组建数百人的专职扶贫队伍，结对帮扶甘肃东乡县、江西兴国县、河北平

碧桂园全国结对帮扶点介绍

9省14县——碧桂园全国帮扶点分布图

河北省新河县

新河县是河北省邢台市辖县，位于河北省南部，邢台市境东北部。新河县是国家扶贫开发重点县。截至2017年底，该县贫困人口为2383户4346人。

河北省崇礼区

张家口市崇礼区位于河北省西北部，辖2镇8乡211个行政村406个自然村，总人口12.6万人，该县贫困人口为1645户2861人。

河北省平山县

平山县地处河北省西部，太行山东麓，全县辖12个镇、11个乡、717个行政村、1399个自然庄，总人口50.4万，该县贫困人口为1849户3606人。

河北省滦平县

滦平县隶属于河北省承德市，位于承德市西部，辖20个乡镇，1个街道、200个行政村、9个居委会。贫困人口6543户18014人。

山县等全国9省14县，惠及3747个村33.6万建档立卡贫困人口，努力探索可造血、可复制、可持续的精准扶贫乡村振兴模式。

"感谢伟大的时代，感谢党和政府给予碧桂园机会，让我们有幸参与到精准扶贫这项伟大的事业中。"在碧桂园精准扶贫乡村振兴行动启动会上，杨国强这样表态。

教育扶贫——探索职业教育新路径

"我出生在农村，也曾经很贫困，靠着自己的一手泥瓦手艺改变了自己的生活。"碧桂园董事会主席杨国强曾多次提及自己的经历。深知一门技术对一个生活在贫困中的孩子的重要性的杨国强将目光放到了职业教育上。

2013 年，碧桂园集团出资 4.5 亿元创办了全国唯一一所针对全国贫困学子的全免费的大专院校——广东碧桂园职业学院。2014 年 9 月正式开学，目前共招收贫困家庭学子 1905 名。所有入读学生不仅免除一切费用，还发放日常生活补贴。

"教育扶贫，授人以渔；一人成才，全家脱贫"，这是广东碧桂园职业学院所坚持的办校理念。

纵观广东碧桂园职业学院的办校理念，不难理解学校的办校初衷，就是让所有行业、岗位的劳动者都接受职业教育，尤其是对那些被贫穷困扰的年青有志者，为他们提供良好的职业教育，为他们打开通往成才、成功的大门。这不但可以让他们掌握一技之长，走向幸福生活，也可以为国家培养出高素质的技术技能型人才，发展生产力，繁荣经济。

本着让学生"入学即入职，毕业即就业"的理念，碧桂园职业学院改变了高职教育"2+1"的通行模式，逐步探索出"校企融合、产教联动、工教一体、工学结合"人才培养模式。"在碧桂园集团高层看来，高职教育发展的核心是人才培养模式改革。只有改革成果，才能提高培养素质，只有人才质量提高，才能满足用人企业需求获取高薪，只有高薪才能阻断家庭代际贫困链条的延伸，才能提升职业教育的社会地位，才能适应产业转型升级的需求推动国家经济的发展。"广东碧桂园职业学院党委书记许从进说。

为了保障职业学院"校企融合"人才培养模式的有效运行，碧桂园职业学院创新性地推行了一系列机制保障。

碧桂园集团建立了承担专业人才培养主体责任、集团各公司为载体的实践教学培养基地体系。各专业实践教学基地与学院各专业教学部一道，共同构建了包括专业设置、课程开发、课程教学、实践培养、学生指导、岗位竞聘、就业安排等在内的工作运行机制，这是"校企融合"教育模式能够成功运行的条件保障。

除此之外，碧桂园创新了以专业岗位知识和职业能力为核心的"三段式"教学组织形式。第一阶段，实施专业涉及岗位所需要的素质品行、基础知识和基本技能培养；第二阶段，实施专业岗位分流，深化岗位课程学习，强化岗位技能培训；第三阶段，聚焦专业岗位职务能力企业实践教学培养，建立专业岗位职务能力素质指标体系，保障学生的见习职务岗位安排，保证学生在边实践、边学习的工学交替中完成对学生专业岗位职务能力的培养。

当然，除了以上这些"校企融合"的必要机制配置，作为全球500强的企业，碧桂园集团所拥有的产业资源在"产教融合、校企共育人才"过程中发挥的作用不容忽视。学院学生最后一年的专业岗位职业能力安排在企业内部进行实践教学培养，每个见习的实习生均配备专门的导师，并为学生量身定制企业实践教学培养方案。

2017年7月1日广东碧桂园职业学院首届毕业典礼在广东顺德碧桂园总部拉开帷幕。290名毕业生就业率达到99.66%，逾六成获基层管理或技术骨干岗位， 11人月薪突破万元。

绿色扶贫——可造血可持续的扶贫模式

树山村是碧桂园探索精准扶贫的第一个试点，由此碧桂园打出了一条可造血、可持续的精准扶贫"树山样本"。

树山村隶属于广东省英德市西牛镇，原是一个水库移民村，下辖13个自然村，有380多户人家，村内"九山半水半分田"，是远近闻名的穷村。2010年6月，经多方考察，碧桂园集团决定捐资2亿元用于树山村扶贫。

这2亿元的扶贫资金怎么用，碧桂园探索出了一套"五子登科法"。所谓"五子登科法"即住房方面，帮助树山村村民建两层半高、面积110平方米的"别墅"，每户造价10万元，政府配套1.5万元，农民自筹3.5万

创新模式　助力脱贫攻坚

碧桂园积极推进党建扶贫扶志、产业扶贫扶富、教育扶贫扶智、就业扶贫扶技四种创新模式，制定党建、产业、教育、就业四个方面的"五个一"工作法，全方位助力脱贫攻坚。为进一步精准帮扶建档立卡贫困人口，激发内生动力，增强贫困人口脱贫稳定性和可持续性，制定"三个寻找"计划："寻找一批青年致富带头人、寻找一批老村长、寻找一批深度贫困人口"，助力青年人才建设，帮助更多返乡有志青年圆梦想，助力人才振兴、组织振兴、产业振兴，以及关注解决思想致贫等影响脱贫攻坚战的关键性原因。率先创建"四库"，即产业资源库、就业岗位库、专家智库、贫困户动态数据库，为打好精准脱贫和实施乡村振兴战略提供基础支撑。

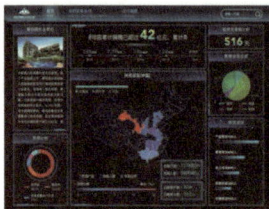

"五个一"工作法

党建扶贫
建立一个一线扶贫项目党支部
开展一次党建共建组织生态，举办一次特色型党课
评选一批大植入党党员和优秀扶贫党员代表
解决一批思想致贫的建档立卡贫困户
落实一份《军令状》

产业扶贫
建立一个动态的产业项目资源库
探索一套可借鉴的贫困地区产业推广模式
推广一批产业扶贫成功案例
搭建一个贫困地区农产品展销对接平台
打造一个消费扶贫国家标准体系

教育扶贫
建立一个贫困学子助学基金会
结对一批贫困学生
每月一次沟通交流（每年至少完成一次以上家访）
完成一批"微心愿"
打造一个教育扶贫国家标准体系

就业扶贫
开展一次详尽摸底调研
举办一系列大型就业招聘
筹办一系列针对性的岗前培训
筹办一次优秀从业者分享会
建立一个动态的就业岗位资源库

产业资源库
就业岗位库
专家智库
贫困户动态数据库

元，余下由碧桂园兜底。道路方面，对树山村所有道路进行改造，共约10公里。饮水方面，建成罗屋、熊屋、横档、龙潭坑四个饮水项目工程，总投入200万元。电网方面，由英德市对树山实施农网改造。通信方面由电信、广电部门对树山村进行一步到位建设，家家通电视、通网络。

就这样，短短八个月时间，树山村路通了，水电网全通了，树山村村民们欢天喜地地搬进了属于自己的"别墅"。

住上了别墅，不等于脱贫致富。如何让贫困户具备持续增收能力，成为碧桂园帮扶团队关注的重点。

经过实地调研后，碧桂园与当地政府一起制定了发展绿色苗木产业的扶贫思路。

然而，种植苗木成本高，起步投入大，村上的贫困农户大多本钱不足。

针对这种情况，碧桂园创新性地采用"借本你种，卖了还本，赚了归你，再借再还，勤劳致富"的先进扶贫理念，因地制宜，将碧桂园和树山村的优势结合起来，按"公司＋合作社＋农户"的模式在树山发展绿色产业。

树山村绿色扶贫产业发展初期，碧桂园派驻专门技术人员，成立苗圃示范基地，免费对村民进行培训。按市场价为有意向发展绿色产业的贫困户提供种苗，引导村民成立合作社作为发展平台，村民提供土地和劳动力，苗木栽培达到一定条件后，由碧桂园按市场价或保护价负责收购。针对苗木成本较大，碧桂园为农户垫付 50%~90% 的种苗款，农户卖了之后再还本，赚钱归农户，还本后发展下一批苗木时可以再借，只要勤劳肯干，一定可以脱贫致富。

如今，通过绿色扶贫，树山村苗木种植已逐步形成了市场机制，得到社会各界的认可，产出已超过 2000 万元，村民实际获益 1000 多万元，农户户均增收约 6 万元。

2011 年 4 月 12 日，时任广东省委书记汪洋到树山考察时说："我们要感谢以杨国强先生为代表的有社会责任感的企业家，通过勤劳富裕之后，没有忘记穷兄弟，拿出钱帮助大家致富。应该感谢这样的人，希望更多的企业家向他学习。"

有了树山村的成功实践，碧桂园开始了小规模复制。2016 年，碧桂园率先将这一"绿色产业扶贫"经验引入对口帮扶的广西百色市田阳县桥马片区央律村，通过"龙头企业＋专业合作社＋贫困农户"的模式，发展苗木花卉种植，拓宽农户增收渠道，又有一批贫困户因此走上了小康路。

新农村建设——精准扶贫助力乡村振兴

碧桂园所承担的社会责任不只是带领老百姓脱贫致富，他们的目光更加长远。

当前，随着脱贫攻坚深入推进，乡村振兴战略号角吹响，碧桂园集团又有了新的思路。

夯实基础　助力乡村振兴

广东英德树山村：扶贫新理念 旧村换新颜

2010年，碧桂园对树山村开展新农村建设，并实施定点帮扶。经过多次探讨，碧桂园扶贫项目小组在充分尊求村民意见的前提下，以保持树山村各村民小组原有的传统空间格局，尊重和保护当地文化为原则，对树山村9个村民小组的所有村民住房进行升级改造。改造过程中，对荒废的祠堂进行重建添火，在保持原有风水朝向的基础上，新建房屋围绕祠堂进行了合理的空间布局，使得树山村呈现出"户户是别墅，村村有不同"的独特文化风貌。村落改造过程中，除了完成住房、路、水、电、网的五大工程的基建之外，碧桂园扶贫项目小组还维护修缮了村内百年历史的碉楼等历史文物，为树山村保留历史记忆；建立了颐养园、农具房等公共设施，提供了相对完善的社会福祉。

惠州秋长乡村文旅项目：村企共享乡村振兴田园综合体模式

碧桂园惠深区域从文旅产业切入精准扶贫乡村振兴工作。2018年3月1日，惠州市惠阳区政府、碧桂园集团、华侨城集团在惠州签署战略合作协议，共同推进乡村振兴战略在惠阳区秋长街道、良井镇的落地实施。目前已启动秋长街道茶园村1350亩用地、良井镇凤光村1500亩用地开展乡村文旅建设工作。其中秋长茶园村17000 ㎡示范区已建设完工，在短短45天的时间，原有闲置、废弃的村落空间被改造成为多业态、多功能的乡村文旅示范区，里面有田园趣吧、精品民宿、古韵书院、市民农庄、乡创中心、开心农场等。

琼海市南强村、水口仔村项目 开发与新农村建设相结合的文旅产品

2017年，碧桂园集团响应"美丽海南百镇千村"的号召，选定南强村打造集非遗传承、乡村旅游、艺术创作、艺术交流、休闲度假为一体的国际著名的"艺术＋"村。同时，为水口仔村扶持五色粽产业，预计将为当地提供300个就业岗位，还将带动10种相关产业的发展。

在树山村扶贫项目成功的基础之上，2017年10月，碧桂园选定英德市作为精准扶贫主战场，捐资约5亿元帮扶英德78个省定贫困村创建新农村示范村。1年脱贫、3年振兴，2018年，4万多贫困人口全部脱贫。

　　真扶贫、扶真贫，碧桂园第一时间成立帮扶英德市新农村建设指挥部。调动全集团资源，设立乡村振兴基金。同时积极与当地政府沟通并深入实地调研，制定出"先脱贫、后振兴"的帮扶思路。即首先助力英德市2018年上半年实现预脱贫，之后以产业发展、就地城镇化、职业农民培训为重点，建设碧桂园新农村示范片区。

　　碧桂园在英德的乡村振兴战略，遵循"不搞大拆大建""不搞大包大揽""党建引领扶贫"三项原则，坚持"政府主导、农民主体、企业参与"的机制，从实际出发编制示范村整治创建规划，不搞一刀切。集团党委组织广东省内的42个党（总）支部与英德市78个省定贫困村（社区）党（总）支部结对，共同深耕精准扶贫。

　　在碧桂园扶贫团队看来，要实现乡村振兴，就要解决目前日益严重的"空心村"问题，要让村中人气旺起来。毋庸置疑，要实现这个目标，发展产业是关键。

　　多年扶贫实践中，碧桂园一直把"造血式"产业扶贫作为主要抓手，每选定一处扶贫点，都致力于发展"一村一品"助推精准脱贫。

　　在此基础上，碧桂园提出了新的构想，除高质量种养当地特色农产品外，还将建设加工厂，提升农特产品的附加值，带动当地农特产品稳定销售、贫困户就近就业。

　　在英德，碧桂园初步规划2018年高质量发展苗木、番薯、黑皮冬瓜、桑芽菜、茶叶、清远鸡等产业，并与旗下社区直营超市凤凰优选和百果园集团签订战略合作协议，共同打造产业兴旺的精准扶贫示范基地。

　　同时，在尊重村民意愿的基础上将平原上的农村人口集中到一两万人的绿色生态小镇，配套各种生活设施，在小镇周边建农产品深加工企业安排剩余劳动力就业，以此实现就近城镇化。与此同时，连片整合"空心村"闲置土地，发展大规模高质量的现代农业，实现农业提质增效、农民稳定增收、乡村逐步振兴。

　　在这种机制的引领下，2018年3月1日，碧桂园与广东惠州市惠阳区政府、华侨城集团签署乡村振兴战略合作协议。农民将土地房屋作为资产入股成立村公司，村公司再与碧桂园合作共同开发现代农业，收益共享。碧桂园预付保底款，兜底保障农民利益。

乡村振兴，生态宜居是关键。多年来，碧桂园集团充分发挥建筑与地产领域的优势，通过科学规划、生态设计、绿色建造等多种方式，打造宜居宜业的新农村。经过碧桂园集团的整体规划建设后，树山村的面貌经历了从破败的泥坯房到美观的联排别墅，从污水横流、满地粪便到绿柳成荫、清水绕村的华丽转变。

除树山村外，碧桂园还在广东肇庆市怀集县下帅乡、广州市花都区梯面镇、清远市佛冈县生水塘村和潭洞村等地开展的整村推进扶贫中植入了生态建设理念。不但取得了良好的经济效益，还为当地增添了一处新的乡村旅游景点。

2017年6月，碧桂园扶贫干部来到广东省定贫困村汕头市金灶镇桥陈村，进行新农村示范村建设，在确保脱贫的同时，努力把桥陈村打造成为湿地生态和农业观光型的美丽乡村。同样地，还有广东潮州市饶平县浮滨镇黄正幸福新村，碧桂园对村委辖属的5个自然村实施整体搬迁，规划建设集生活、休闲、生态农业和自然景观为一体的生态文明新农村、生态农业示范村。

在此基础上，2018年5月20日，在碧桂园精准扶贫乡村振兴行动启动会上，碧桂园宣布成立碧桂园精准扶贫乡村振兴领导小组，将精准扶贫提升到集团主业的高度，对9省14个县进行组合式帮扶，将继续推行一村一品、一县一策，因地制宜抓精准扶贫。

穷则独善其身，达则兼济天下。从1997年，事业小成的杨国强匿名捐资100万元——接近他一半的身家，设立仲明大学生助学基金，到强大起来的碧桂园集团整体帮扶英德市78个贫困村，再到对全国9省14个县进行结对帮扶，碧桂园集团始终在以实际行动践行着"做有良心、有社会责任感的阳光企业"的价值观，以不懈的奋斗让社会变得更加美好。

北京纵情向前科技有限公司

北京纵情向前科技有限公司（简称"水滴公司"）创办于2016年4月，是中国领先的健康医疗保障平台，致力保障亿万家庭，为广大人民群众高效地提供医疗资金。水滴公司旗下拥有"水滴筹""水滴互助""水滴保"三大业务，截至2018年12月底，注册用户数超过6亿人，独立付费用户超过1.9亿人，成了互联网健康保险保障领域的独角兽企业。

为了实现"普惠大众"的公益初衷，自成立之日起，水滴公司就坚持学习贯彻习近平总书记扶贫开发重要战略思想，将公司业务发展的核心聚焦在"精准扶贫"上，将"三区三州"等深度贫困地区作为重点，以前期的深入调研和市场分析为基础，充分结合自身在互联网、大数据等方面的技术优势和资源优势，牢牢把握"救助个体、扶持区域、帮扶特定群体"的战略思路，有针对性地进行项目设计、研发、推广和运营，大力推进健康扶贫、电商助农、公益扶助等核心业务发展，在给予经济困难大病患者最直接最实际医疗资金救助的同时，逐步激发贫困地区内生发展动力，形成了"一点一面一补充"的水滴精准扶贫模式，有效助力脱贫攻坚战和乡村振兴战略。

水滴模式助力脱贫攻坚

——水滴公司奋斗在扶贫路上

自从 2013 年 11 月，习近平总书记在湖南省湘西州十八洞村考察时首次提出"精准扶贫"这一概念，指出"扶贫要实事求是，因地制宜。要精准扶贫，切忌喊口号，也不要定好高骛远的目标"以来，习近平总书记扶贫开发重要战略思想不断丰富完善，形成了体系完整的打赢脱贫攻坚战的行动指南和根本遵循。党的十八大以来，以习近平同志为核心的党中央，把脱贫攻坚摆到治国理政的重要位置，动员全党全社会力量，打响了反贫困斗争的攻坚战。

正是习近平精准扶贫思想指引了水滴人干事创业的方向，成立两年多来，全体水滴人锐意进取、努力拼搏、奋发有为，共同推动公司以"精准扶贫"为核心的业务发展取得了卓越的成绩。

聚焦个体，"水滴筹"助力健康精准扶贫

根据有关部门建档立卡的贫困户数据显示，我国贫困人口中因病致贫、因病返贫的比例均在 40% 以上。患病的农村贫困人口中，年龄在 15 岁至 59 岁者占农村贫困人口的 40% 以上，他们基本上都是所在家庭主要劳动力，患病不但要发生治疗费用，还会因为丧失劳动能力而直接影响创收，使家

庭陷入贫病交加境地。另外，医学规律也决定了解决因病致贫返贫问题是一个长期的过程。因此，解决因病致贫因病返贫问题是打赢脱贫攻坚战的难中之难。

水滴公司将扶贫工作重点放在因病致贫因病返贫的每一个个体，于2016年7月推出了健康扶贫业务——水滴筹，旨在给予经济困难的大病患者最直接最便利最实际的医疗资金救助。切实缓解贫困人口的就医负担，防止"病根"变"穷根"。

水滴筹"大病筹款"页面

作为大病筹款工具，水滴筹开创了网络大病筹款"0"手续费模式。水滴筹基于手机APP和微信公众号建立，筹款页面可在QQ、微信、微博等多种网络社交平台上进行分享传播；打造的专业服务团队，为受助申请人提供365天9:00~22:00的一对一顾问服务，实现从申请、发起，到传播、审核，再到最后提现的全环节一对一指导；设置身份审核、病情审核、收款信息审核、公开监督举报机制和基于社交熟人验证机制等五级风险防控措施，实现平台筹款的全程监控；联合水滴志愿者团队（隶属于北京水滴汇聚公益基金会），通过专业的社工服务给予大病患者及其家庭从资金到陪伴等多方面物质和精神层面的扶助，建立患者努力生活的信心，使大病患者筹款和治疗过程更加舒心、安全、便捷、高效，确保筹款资金能够真正发挥扶贫救助作用，实现"真扶贫、扶真贫、真脱贫"的扶贫工作目标。

截至 2018 年 12 月底，水滴筹成功为 100 多万名经济困难的大病患者提供了免费的筹款服务，累计筹款金额超过 120 亿元，捐款人次超过 4 亿。凭借在大病救助领域的突出贡献，水滴筹得到了社会各界的广泛认可，连续荣获公益时报社 2017、2018 年中国公益年会"年度中国公益企业"和 2017 年中国慈善榜"年度十大慈善项目"等多个荣誉称号。

聚焦区域，"水滴集市"助力电商精准扶贫

习近平总书记说过："扶贫不是慈善救济，而是要引导和支持所有有劳动能力的人，依靠自己的双手开创美好明天。"扶贫要激活内生动力，这是消除贫困的治本之策。

水滴公司瞄准贫困地区的农业资源，由水滴筹延伸推出电商扶贫平台——水滴集市，旨在为偏远山区的农产品畅通网络销售渠道，打造特色品牌，协助当地把资源优势转化为发展优势，助力农民农户脱贫，助推乡村振兴。

安远红心蜜薯
勤劳的安远人 甜蜜的果实
香甜软糯
水滴集市
扶贫优选

水滴集市在页面单独设立了扶贫专区，公司成立专项工作组，从业务和支持部门选调精英骨干力量组建运营团队，对精准扶贫定点区域的农产品进行梳理汇总，通过与贫困地区建立长期稳定的产销关系，打通上行通道，使当地农产品实现打包升级、线上销售；以首页展示、banner页合集、小程序产品展示、公众号等多种方式推广平台在售贫困地区土特产品，分享电视、报纸等传统媒体与微信、微博等新媒体资源，帮助当地健康、绿色、有机的农产品被大众广泛认知、接受和选择，为贫困地区打造土特产品特色品牌。

自2017年1月上线以来，水滴集市帮助全国50多个贫困县农民售卖紫米、蜜柚、大枣、黑玉米、红糖、红薯、脐橙、猕猴桃、丑苹果、鸡纵菌等各类土特产超过3600万元，总销售量超过75万单，数千个贫困地区家庭受惠于水滴集市这一助农电商平台。

聚焦群体，水滴公益助力特定群体帮扶

党的十八大以来，以习近平同志为核心的党中央高度重视、全力推进保障和改善民生。习近平总书记反复强调，做好民生工作，要"尽力而为，量力而行"。

为搭建公益平台，尽己所能地多办实事，切实提高扶贫效益，水滴公司于2017年5月发起，经北京市民政局批准成立了北京水滴汇聚公益基金会（简称水滴基金会），旨在通过广泛动员社会力量，多方筹措慈善资金，开展形式多样的社会救助工作，帮扶有需要的困难群体和个人。自成立以来，水滴基金会面向大病患者、中小学生和农民农户先后推出了健康、教育和乡村帮扶计划。

在健康帮扶方面，水滴基金会设立的"小水滴帮扶计划"与"病房无忧"项目，已为来自全国不同地区的59位成人及儿童大病患者提供了70余万

元的帮扶资金。"小水滴帮扶计划"下设的子项目"小希望"已分别在山东济南和四川大凉山成功捐建医院"图书角"与校园"图书室"，累计捐赠图书数量2万余册。

2018年11月，水滴基金会赴四川大凉山开展校园"图书室"捐赠活动

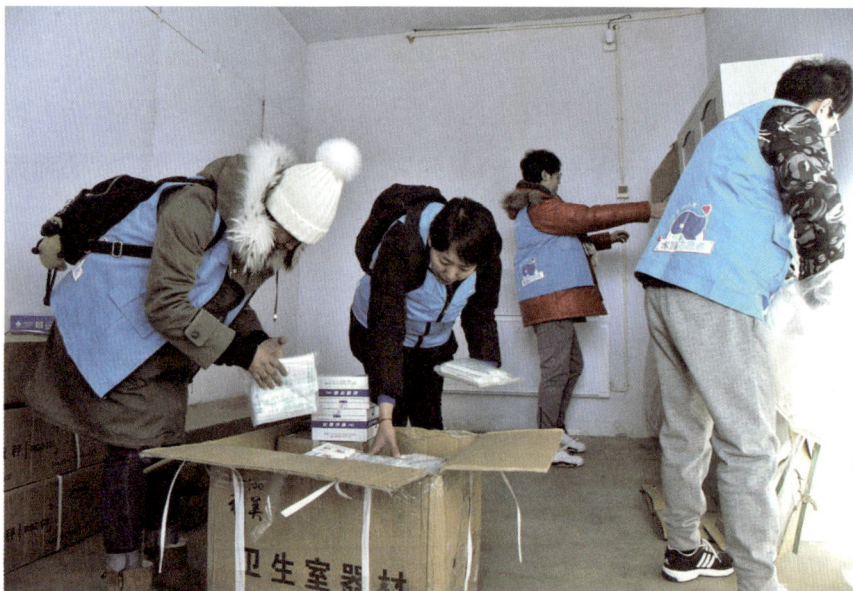

2018年11月，水滴基金会赴河北张家口开展"水滴医务室"捐赠活动

在教育帮扶方面，水滴基金会推出"水滴医务室"项目，聚焦贫困地区的中小学校，为尚未建立医务室或医务室不达标的中小学校提供医疗器械耗材、专业急救培训等方面的支持，帮助建立符合标准的校园医务室，改进完善校园卫生管理制度和青少年健康教育制度。截至目前，此项目已经成功落地山东济南及河北张家口，并于2018年9月获评"第六届中国公益慈善项目大赛金奖"。

在乡村帮扶方面，水滴基金会推出定制帮扶计划，根据贫困乡村的实际现状和个性化需求，研究制定特色帮扶方案，为当地农户农民提供定向帮扶资源，解决当前面临的困境，切实提升精准扶贫实效。截至目前，定制帮扶计划已为吉林省镇赉县打包定制了"厕所革命"+"庭院经济"的整体帮扶方案，运用直接捐建、资源导入、技术支持等多种帮扶手段，强化当地贫困农户自身"造血"功能，激发内生动力，帮助建立长效脱贫机制。

同时，水滴公司旗下的水滴公益，也于2018年5月获批成为民政部指定的第二批慈善组织互联网公开募捐信息平台，这是水滴公司为打造综合、立体、全方位支持公募基金会募捐平台，深入帮扶贫困群体的又一举措。自2018年7月正式上线以来，水滴公益联合全国各地超过40家公募基金会，整合公益组织、爱心企业、媒体、爱心人士等各类社会资源，以精准扶贫为核心，围绕大病、助学、救灾等领域，开展了一系列扶贫行动，相关活动曝光量过亿，筹集善款超过5000万元，捐款人次超过200万。

在大病救助领域，水滴公益立足于缓解贫困大病患者家庭沉重的就医压力，与中国红十字基金会、中华少年儿童慈善救助基金会、北京新阳光慈善基金会等数十家公募基金会达成战略合作，并与中国社会福利基金会联合发起"919水滴阳光行"，为无力治疗的贫困大病患者家庭提供专业、快捷、实效的救助服务。

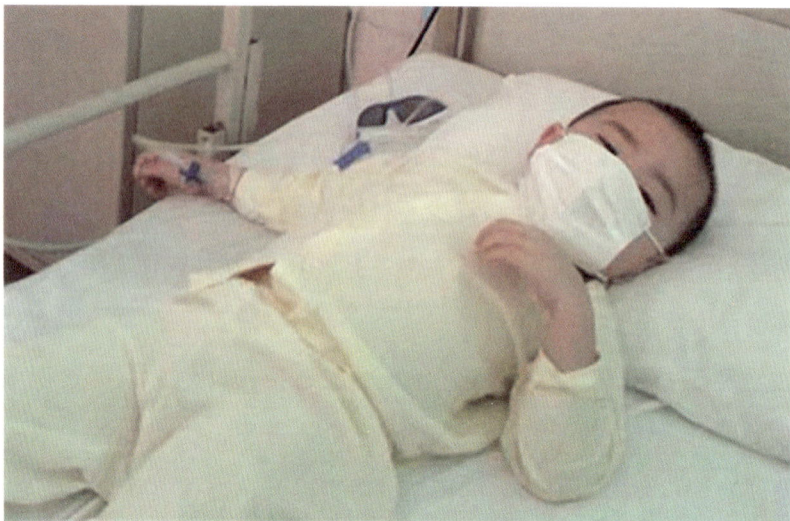

水滴公益联合中华少年儿童慈善救助基金会为大病患者瞿奔驰发起"助力二次移植宝贝对抗排异"公开募捐项目，获得了 4.6 万名社会爱心人士的支持，筹集善款 80 万元

在助学扶贫领域，水滴公益联合中国妇女发展基金会、中华少年儿童慈善救助基金会等公益基金会开展助学扶贫公开募捐项目，面向十余万爱心人士筹集了上百万的善款，帮助四川、云南、陕西、甘肃、黑龙江等全国各地的数百名贫困儿童圆了上学梦。

"圆特困儿童上学梦"公开募捐项目受助人霜花

在救灾扶贫领域，水滴公益联合深圳壹基金公益基金会、中国社会福利基金会、爱德基金会等在救灾领域具有丰富资源和经验的公益基金会，在灾难发生第一时间响应，广泛调动社会资源开展募捐，并通过专业救灾队伍将物资送往灾区，助力灾后重建工作。

《广东水灾，救在壹线》救灾行动，救援人员正在搬运救援物资

其中，2018 年 8 月末，受季风低压影响，连日强降雨导致广东省多地出现积涝灾害，120 万人受灾。水滴公益平台第一时间联合深圳壹基金公益基金会发布了《广东水灾，救在壹线》公开募捐项目，项目上线仅仅 18 个小时后便筹满了 200 万救灾善款，凝聚了近 9 万名水滴公益网友的爱心，为灾区人民及时送达了大量救灾物资。

前不久，《中共中央国务院关于打赢脱贫攻坚战三年行动的指导意见》正式公布，进一步完善顶层的政策设计、强化政策措施、加强统筹协调，以便推动脱贫攻坚工作更加有效开展，确保如期实现脱贫攻坚的目标任务。作为今后三年脱贫攻坚工作的一个纲领性文件，《指导意见》明确了各项工作的时间表和路线图。

水滴公司将继续坚持学习贯彻习近平总书记关于扶贫工作的重要论述，根据党中央、国务院的决策部署，按照《指导意见》要求充分调动公司自身资源和优势，深化"一点一面一补充"的扶贫战略，围绕"三区三州"等深度贫困地区创新精准扶贫的思路和方式，突出问题导向，下足绣花功夫，以业务带动扶贫效果，扎扎实实为脱贫攻坚提供助力，共同推动贫困地区在 2020 年迈入小康社会。

产业扶贫

精准扶贫 产业为本

打赢扶贫攻坚战，是"十三五"时期党和政府对全国人民的庄严承诺，是缩小城乡差距、推进城乡一体化的重大战略举措。产业扶贫是贫困地区和人口摆脱贫穷的基本路径，是最根本和最长久的扶贫。没有产业发展带动，贫困地区很难脱贫；缺乏产业支撑的脱贫，脱贫后的发展也难以为继。总结贫困地区产业扶贫的主要模式，找出突出困难与短板，强化贫困地区产业基础以加快脱贫步伐，对依托产业扶贫实现国家"十三五"脱贫战略目标具有重要意义。

各种实践证明，产业扶贫是有效的一种扶贫方式，产业扶贫是一种开发式扶贫模式，调动全社会力量，通过整合有效资源来发展商品、生产等方式开发当地资源，正确进行自我积累，加强自我发展能力，激发脱贫的内在动力从而促进贫困地区发展的良性循环，改变单纯依靠外力的脱贫模式，确保脱贫效果的持续性和有效性

本书提供了一系列精准扶贫的典型案例，从中可以看出产业扶贫工作具有以下两个特点。

1. 产业扶贫难度大。长期陷入贫困的家庭，与主流社会相隔离，很难具备现代职业技能或发展现代生产所需要的技术、信息和管理能力，而产业则需要一定的技术和管理能力。扶贫实践表明，要改变深度贫困群众的生活现状，产业发展是夯实其生活现状的第一要务。

2. 企业的帮扶至关重要。深度贫困人群处于贫困的恶性循环中，很难

依靠自身摆脱贫困陷阱。政府扶持和企业帮扶相互配合，强行介入，能够更有效地让贫困户跳出陷阱和锁闭。特别是企业能够利用自身市场、信息、技术和管理优势，帮助贫困户稳定就业，帮助贫困地区打造品牌，实现产业化的规模化、现代化，从而让贫困户走上收入稳定增长、生活自强自信的新路径。

未来两年将是我国精准脱贫攻坚和乡村振兴战略实施并存、相互支撑、有机衔接的关键时期，中国的每一个企业都应该积极服务国家战略，响应社会需求，承担社会责任。本书提供的一系列扶贫案例，为企业进一步落实精准扶贫，推进扶贫工作提供了很好的借鉴。

王飞，男，汉族，经济学博士、副教授。先后获得上海交通大学学士学位，中国人民大学经济学硕士学位和博士学位。2005年进入中央民族大学工作，现任经济学院国贸系主任，中国少数民族扶贫研究员副院长。研究专长为贫困、区域经济和世界经济。撰写的贫困问题咨询报告曾获李克强总理的重要批示。

中国旅游集团有限公司

中国旅游集团有限公司暨香港中旅（集团）有限公司（简称"中国旅游集团"）的前身是 1928 年成立的中国第一家旅游企业——中国旅行社的香港分社，目前是中央直接管理的国有重点骨干企业，也是总部在香港的三家中央企业之一。经过 90 年的发展，中国旅游集团形成了以旅游文化为主业，涵盖旅行服务、旅游资产经营和服务运营、旅游零售、旅游金融、旅游新业态等多个旅游相关业务领域的产业格局和分布于内地、港澳、海外的网络布局，是中国最大的旅游央企。

中国旅游集团坚持以市场为导向，以消费者为中心，以融合发展为主要手段，以发展优质旅游持续增加旅游的有效供给、全力推动旅游的高质量发展为己任，坚持纵向产业一体化、横向融合平台化，加快优化完善旅游"产业群＋新元素"的发展新格局，努力成为旅游业供给侧结构性改革的引领者、推动实现旅游强国战略的主力军、游客全球旅行的系统服务商、满足人民美好生活需要的创造者。

依靠好风景，打造好"钱景"

——中国旅游集团有限公司以三大抓手开拓旅游扶贫新深度

打赢脱贫攻坚战是党中央、国务院做出的重大战略部署，是党向全国人民做出的庄严承诺。旅游扶贫作为国家脱贫攻坚战略的重要组成部分，是产业扶贫的主要方式之一，是全面建成小康社会的重要推动力量。

让贫困地区的好风景变成贫困群众的好风景，这是中国旅游集团有限公司的不懈追求。十八大以来，中国旅游集团认真落实中央脱贫攻坚决策部署，积极承担在贵州黎平，云南香格里拉、德钦、西盟、孟连两省五县的定点扶贫工作，其中香格里拉、德钦属于"三州三区"深度贫困地区。集团发挥公司优势，以旅游扶贫破解"美丽贫困"，在定点帮扶地区扎实开展特色景区项目支撑、扶贫产业同步发展、旅游营销先行三大旅游扶贫战略，着力推动贫困地区旅游资源优势转化为产业优势，切实将旅游扶贫打造成贫困群众能增收、可脱贫的富民产业。

抓"好风景"——让旅游扶贫有"内力"

作为"男声侗族大歌原生地"的黄岗村地处黎平县双江乡东南部，山清水秀、文化古朴、风情浓郁，保存和延续着上千年侗族人民的传统生产生活习俗。村民们日出而作，日落而息，人与自然和谐相处。但长期以来，黄岗村的美景"藏在深山无人识"，而美景的价值也无人知。于是，虽然守着好风景，但村民们的光景却变得"有光无景"。

中国旅游集团贵州黎平黄岗侗族"美丽乡村"项目实景

中国旅游集团定点帮扶黎平县以来，集团领导与帮扶干部经过认真调研，并与地方政府充分讨论、协商后，与中国扶贫基金会、黎平县政府共同打造黄岗村"美丽乡村"整村旅游村改造项目，发力旅游主业扶贫，让这个古侗寨焕发生机。

中国旅游集团在开发黄岗时意识到：必须保存黄岗原生态、活态的民族文化、生活习俗，不走大众化、商业化旅游，要面向追求文化差异的高端游客。于是，集团立足黄岗现有资源禀赋，经过大量考察和调研，聘请专业机构做出具体规划，大力发展民族文化旅游。

经过规划设计，项目建设周期约3年，中国旅游集团配套资金预计为人民币1000万元，将旅游扶贫作为一项群众脱贫致富的"造血"工程来做。如今，黄岗村更美了，游客多起来了，贫困群众的钱袋子也鼓了起来。

黄岗村的"蝶变"只是中国旅游集团唤醒贫困地区沉睡资源的一个缩影。作为我国最大的旅游央企，集团开展旅游扶贫工作具有先天优势。据统计，中国旅游集团拥有国旅总社、中旅总社两大旅行社品牌，在海内外已布局2285家分社，国内分社网点已覆盖全国各省市。而集团定点扶贫地区大多集中在云南、贵州两个旅游资源大省。集团结合地方旅游资源特点和市场需求，因地制宜，建成一批依托自然风光、美丽乡村、传统民居为特色的旅游景区，兴办旅游经济实体，使旅游业成为扶贫地区的支柱产业，从而实现贫困地区群众和地方财政双脱贫。

中国旅游集团派驻西盟县挂职干部深有感触："我到西盟之前对这里有过很多遐想，我以为西盟作为贫困地区应该是生产力极为落后的穷乡僻壤，但当我踏上这片土地时，感觉西盟就像一个旅游景区，生态环境非常好，自然资源禀赋也很丰富。"

针对被帮扶地区旅游业发展起步晚、旅游开发仍处于低水平，旅游"有说头、有听头，没看头、没玩头"，景区小弱散，留不住人的实际，中国旅游集团为西盟县旅游发展送去了新眼光、新视觉。帮扶工作开展以来，集团充分发挥旅游行业龙头企业的作用，长短结合，多措并举，结合集团景区、酒店扩张业务，做好制度性安排，解决旅游文化产业的问题；支持西盟职业学校办班，开办酒店服务班、景区管理班、导游服务班，学生毕业后可回到西盟服务，也可到集团景区服务，解决劳动力转移就业和职业教育的问题；推动西盟旅游文化产业上台阶、出亮点，让外界体验西盟少数民族特色，展示民族文化旅游的魅力。

反观西盟县，通过中国旅游集团的帮扶和自身努力，全县旅游文化产业发展逐年提升。2017年上半年，共接待游客58.67万人次，同比增长101%，实现总收入4.03亿元，同比增长139%，旅游文化产业有力地推动了全县经济社会发展。

对于中国旅游集团的帮扶，云南省普洱市副市长、西盟县县委书记杨宇认为最大的成效之一还包括旅游产业对贫困群众思想观念的改变。"贫困群众以前过着农耕生活，交往范围小，交往对象以亲属、邻里为主，现在通过发展旅游扶贫，每天一开门就要面对来自天南海北、国内国外的游客。贫困群众愈来愈渴望文化知识，更加追求健康生活方式，环保意识也显著增强。"杨宇说。

抓"好产业"——让旅游扶贫有"活力"

游客，意味着市场，游客多了，市场也就大了。但要想充分利用好这个市场，光有好风景远远不够，除了让游客玩好外，还要让游客吃得好、买得好，这样才能充分挖掘旅游市场这块大蛋糕。因此，贫困地区要想把握机遇、抓住市场，需要一系列与旅游市场深度融合配套的产业产品。

贵州省黎平县的茶有品质但缺名气，有历史但缺市场，有发展但缺规模。面对来来往往的游客，黎平的茶却始终没能装进他们的旅行箱。这些问题，也早已被中国旅游集团帮扶干部注意，为此，集团制定出"旅游+特色产业"帮扶计划，因地制宜，开发形式多样、特色鲜明、能够带动贫困户广泛参与的旅游扶贫产品。

2015~2017年，中国旅游集团分别捐资108万元、110万元与黎平当地企业合作建立茶叶等种植基地，以建设优质茶园为切入点，通过帮扶优秀企业树立标杆，调动当地农户种植茶叶积极性，助力黎平茶产业在旅游市场"分一杯羹"，让这片"叶子"真正富一方百姓。

截至目前，中国旅游集团茶叶项目基地每年名优茶鲜叶增加2.3万斤，带动相关农户增收32.6万元；大综茶鲜叶增加12万斤，干茶加工吞吐量增加702斤。覆盖就业乡、村从2016年的12个村扩展到2017年的14个村，就业人员由2350人次扩大到3120人次。项目基地出产的白茶和雀舌茶产品已获得国家质检总局的有机产品认证，其中白茶类产品获得欧盟有机食

品128项认证（国内相关标准仅80项），符合欧盟有机食品标准。如今的
黎平茶成了游客的必购商品，而在集团茶叶项目基地里，游客更是络绎不绝。

贵州黎平茶产业发展方兴未艾

产业扶贫，是脱贫攻坚的"重头戏"，也是中国旅游集团定点帮扶的
重点工作之一。2017年7月，经集团党委会审定，《中国旅游集团有限公
司"十三五"脱贫攻坚工作规划》正式发布。《规划》从旅游、产业等五
大方面详细阐述了"十三五"期间中国旅游集团脱贫攻坚的工作任务、时
间节点和细化措施，为系统性开展脱贫攻坚工作提供了可靠的策略支撑。

中国旅游集团主要领导和帮扶干部经过深入被帮扶地区考察调研发现，
部分地区有产业但苦于缺资金，产业不成规模，抵御市场风险的能力很低；
有些地区产业没有与贫困群众链接到一起，一些扶贫产业徒有其名；有些
地区产品卖不出去，极大损害了贫困群众的利益。比如在普洱调研时，集
团发现该地区的农特产品非常丰富，除了众所周知的普洱茶外，咖啡、甘
蔗等经济作物，品质也十分优良，而且孟连县的咖啡已经成为当地的四大
支柱产业之一，全县咖啡种植面积10.5万亩。特别是孟连县的小粒咖啡品

质高、口感好，多次在国内咖啡生豆比赛中荣获大奖。但由于孟连县咖啡产业缺少发展资金，没有自主品牌，销售仍以初级制品（咖啡原豆）为主，贫困群众从中获益效果不太理想。

因此，在实际工作中，中国旅游集团领导和帮扶干部对症下药，精准施策，"苦干不蛮干"：

组建产业基金，解决"资金"的问题。为落实《中共中央关于打赢脱贫攻坚战的决定》精神，集团积极参与组建"中央企业贫困地区产业投资基金"工作，拓宽扶贫工作资金渠道，探索产业化、市场化扶贫路径、承担企业责任。目前集团已出资人民币 5000 万元，加入基金第二期组建工作。

组建利益联结机制，解决"能力"的问题。集团在定点扶贫工作中，坚持精准帮扶，加大产业覆盖力度，坚持扶贫项目资金受益到户，持续做到有劳动能力的建档立卡贫困户有 1 个以上产业覆盖，探索无劳动能力的建档立卡贫困户采取村集体经济入股分红等利益联结机制。

组建电商平台，解决"市场"的问题。集团与中国扶贫基金会战略合作，发力电子商务平台项目建设，通过挖掘两省五县（市）特色农业产品资源，集结集团 7 大业务板块力量，开展"1 帮 1 公益中旅心"电商平台上线结对帮扶工程，全面加强集团各板块参与到脱贫攻坚战役中来，善用电子商务销售渠道优势，扩大集团公益力量、传播集团公益好声音。

抓"好营销"——让旅游扶贫有"动力"

近年来，随着人们生活水平的提高和精神需求的增长，越来越多的人选择出行旅游。为了迎合巨大的旅游需求，抓住地方发展机遇，各地政府绞尽脑汁，举办了各式各样的营销推广方式，如举办油菜花节、梨花节等。然而，去参加过的人都知道，这类旅游节都很单调，去拍几张照片，晒个朋友圈，再无其他。如果需要门票，去的人就更是少之又少。

旅游景区、项目、资源的随意推广营销，对于政府和企业来说，往往效果甚微，甚至入不敷出。如何把贫困地区的好景区、好项目让社会接受、让市场认可、让游客喜爱，这也是中国旅游集团的"拿手好戏"。

位于中国西南边陲的普洱，是世界茶树原产地的中心地带，"普洱茶"的故乡，茶马古道的源头。但中国旅游集团更看重普洱的好风景：山川秀丽、气候宜人，冬无严寒、夏无酷暑，享有"绿海明珠"、"天然氧吧"之美誉，普洱具有"一市连三国、一江通五邻"的区位优势。如何把普洱茶的名气热度"嫁接"到普洱的旅游上来，中国旅游集团下了一些真功夫：

2017年年底，中国旅游集团下属中旅总社、国旅总社赴云南西盟、孟连两县调研旅游资源线路并协助普洱市政府在北京成功举办普洱旅游目的地专场推介会，针对普洱旅游资源禀赋设计推出"天赐普洱、世界茶源"主题旅游线路在两社全球2285家分社同步上线销售，助推普洱旅游产业井喷式发展。

中国旅游集团领导调研发现，普洱民族文化多姿多彩，极具魅力，全

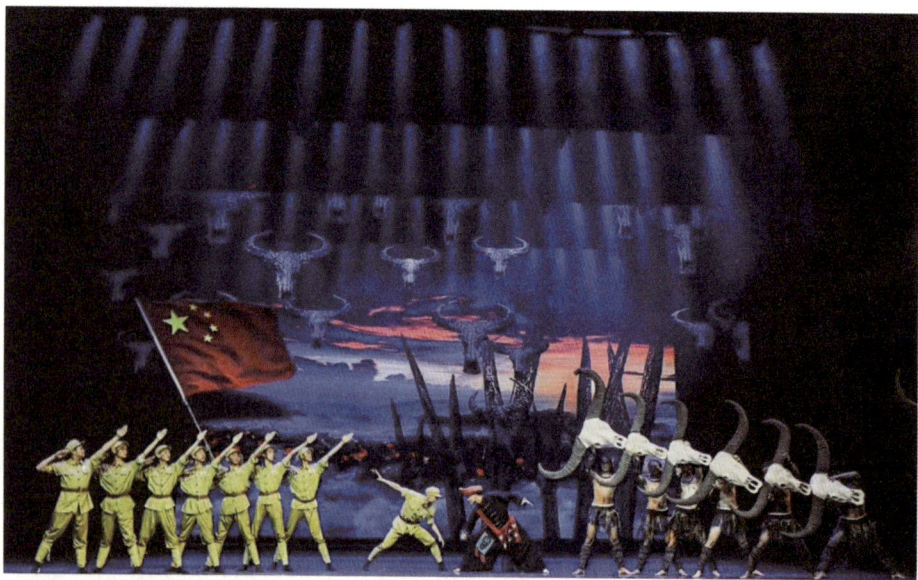

阿佤人民再唱新歌剧照

市有 9 个少数民族自治县，居住着汉、哈尼、彝、拉祜、佤、傣等 14 个世居民族，少数民族人口占 61%。而如此丰富多彩的民族文化，却并没有被发掘出其宝贵的文化、经济价值，长期隐秘在普洱的深山中。

为推介神秘多彩的普洱民族文化，中国旅游集团从"一首歌"开始。2017 年，集团投入资金 230 万元作为西盟县《阿佤人民唱新歌》歌舞史诗节目出品单位，并协助节目的编排与宣传推广工作。此节目成为云南省向十九大献礼节目，引起云南省委、省政府高度重视，也成为提升西盟知名度、美誉度，推动西盟文化产业和民族文化旅游业发展的优质机会，为集团探索文化旅游扶贫项目的开展提供了宝贵的经验。

旅游扶贫项目的营销，也一直深受各级政府的关心和重视。2018 年 2 月 27 日，在国家旅游局发布的"关于进一步做好当前旅游扶贫工作的通知"中明确指出，在推进重点工作中要举办专场营销，充分利用报纸、网络、电视、广播等传播平台，大力宣传贫困地区优质旅游资源。积极组织旅游扶贫重点村、旅游企业参与大型旅游展会、赴全国主要旅游客源地开展专场营销活动，集中推介特色旅游产品等。

2018 年，来黎平县的游客突然多了香港同胞的面孔。原来，中国旅游集团脱贫攻坚领导工作小组办公室联合下属香港中旅社就黎平旅游产业帮扶先行先试策划了一条"多彩贵州·精彩黎平"的主题线路，通过在香港的主流报纸媒体上刊登广告，第一时间将黎平的旅游线路介绍到香港，尝试市场反应。同时，利用集团慈善基金会资源，借助香港优质的跨文化传播平台，向海外市场推介特色民族旅游文化。

如今，脱贫攻坚越往后，剩下的就全是"硬骨头"，其中深度贫困地区"三州三区"是这场攻坚战的"坚中之坚"。作为中央企业、旅游业的龙头，中国旅游集团积极响应党中央号召，坚决扛起脱贫攻坚的政治责任，主动对接深度贫困地区雷波县和马边彝族自治县。集团根据两县实际情况，在深入调研基础上决定实施"五个一"旅游扶贫工程，即为两县编制一组旅游规划，培养一支旅游管理队伍，培育一条特色旅游线路，打造一个 4A 级景区，推广和开发一批旅游特色产品。集团将通过短、中、长期旅游扶贫计划，坚持"输血"和"造血"结合，在当地留下智力资源、景区资源，让绿水青山变成金山银山，帮助当地百姓脱贫致富。

2018 年 5 月 16 日，中国旅游集团在深圳主办的"大小凉山·千年彝风"彝族文化风情周启动仪式吸引了近 60 家来自香港、珠三角的企业代表。仪式上，香港中旅国际投资有限公司代表与雷波县、马边彝族自治县代表当场签订旅游扶贫协议。同时，"大小凉山·千年彝风"彝族风情特色演出、旅游特色商品及图文展、彝族非物质文化遗产展等系列活动，将走出大小凉山，给全国众多地方送去一场彝族文化的盛宴。

"我们将继续发挥集团旅游文化主业优势，精耕细作，突出特色，不断推进对贫困县自然资源和民族文化内涵的整合，打造一批能推动贫困县旅游上台阶、有特色的亮点项目，凸显旅游文化产业发展在助推贫困县经济结构调整中的优势作用，助力实现旅游文化产业成为贫困县经济社会发展的支柱地位。" 让贫困地区进入旅游高质量发展的新时代，中国旅游集团有限公司有着更高的追求！

中国三星

三星是韩国第一大企业集团，涉足电子、金融、重工等诸多领域，旗下有三家成员企业位列世界 500 强，其中三星电子列 2018 年财富 500 强第 12 位。

三星于 1992 年入华，经过 26 年的深耕发展，已形成从设计、研发、生产、销售到服务的完整的本地化产业链。目前，三星在华涉足电子、金融、重工、服务等业务，在北京、上海、天津、苏州、惠州、西安等地设立 28 家生产企业、8 家研发中心等共计 160 个机构，员工总数近 10 万人。

26 年来，中国三星一直秉持"做中国人民喜爱的企业，贡献于中国社会的企业"之理念，努力践行作为中国企业共勉的社会责任。

在三星看来，要在中国取得长期发展，必须在中国、为中国。十八大以来，中国三星顺应国家产业政策要求，不断加大投资，把半导体、液晶面板、动力电池等最尖端的高科技产业项目引入中国，助力中国产业升级。

同时，中国三星将一贯的"分享经营"哲学落地本土，在"人才第一""绿色发展""社会公益""顾客满足"和"诚信守法"这五大方面持续开展社会责任活动。

截至 2017 年底，中国三星在社科院发布的企业社会责任榜单中，已连续 5 年排名外资企业第一。

"造血式"扶贫，"分享式"发展

——中国三星打造"分享村庄"助力脱贫攻坚

位于河北省保定市涞水县的南峪村，从北京城区出发，大约150公里的路程。远眺南峪，远山近岑，格外幽静；走近南峪，一幢幢精品民宿点缀其间，生机盎然。曾经那个交通不便、生活条件差、文化观念落后，连

麻麻花的山坡改造后的民宿

一座像样的桥也没有的南峪村已变了番模样。

南峪村作为中国三星探索精准扶贫参与建设的第二个分享村庄项目，自 2016 年 9 月启动以来，已经发生了巨大变化。这个村的化蛹成蝶，也见证着中国三星和中国扶贫基金会联合发起的"分享村庄"在中国的落地生根。

2014 年 11 月，为了落实中央精准扶贫的重大战略和旅游扶贫的具体部署，中国三星集团、中国扶贫基金会联合启动"美丽乡村——分享村庄项目"，项目借鉴韩国美丽乡村的理念，在贫困地区建设美丽乡村，推动贫困地区的乡村脱贫和发展。

分享资源：深挖地方潜力，实现就地"刨金"

南峪村贫困户蔡景兰正式当上"麻麻花的山坡"4 号院的管家，已经有一年半的时间了，如今的她平均每个月的收入达 2500 元左右。她仍记得，

麻麻花的山坡民宿管家

2016年9月21日上午，由中国三星、中国扶贫基金会联合发起的"分享村庄"河北·南峪村项目"麻麻花的山坡"精品民宿聚落项目正式启动，而那天就是她当"老板"的开始。

可不能小看了这2500块钱。南峪村过去是有名的贫困村，2015年全村224户656人，其中贫困户59户，贫困人口103人。蔡景兰的老伴患有尿毒症，家里还有一位96岁的老人需要照顾。在当管家之前，年事已高的蔡景兰还靠着搬砖、搬瓦当壮工维持着家庭，生活的压力把她压得喘不过气。

"麻麻花的山坡"精品民宿聚落是中国扶贫基金会和中国三星在南峪村引入的第一个旅游扶贫业态项目。

"分享村庄"怎么让村民获得最实在的收益？"通过搭建平台，注入商业资源搭建村庄经济合作社，逐渐把村庄分散的资源整合起来发展，运用市场化的方式提高农民议价资本，让农户拥有工资性收入、经营性收入和资产性收入。"项目负责人介绍，以南峪村农宅旅游农民专业合作社为载体，盘活乡村资源，建立农宅旅游专业合作社，通过制度规范和定股确权，引导村民合作和自我管理。

合作社开创性地确立"一个基本、三个原则"的收益分配方式，"一个基本"是指全体村民共享，每人都有"人头股"；"三个原则"是"多投多得、多劳多得和帮扶贫困"的原则。合作社产生的收益50%用于给全体村民分红，30%用于合作社发展基金，10%用于乡村公共事业或帮扶弱势群体，10%作为公益传导基金，捐赠给扶贫基金会用于帮扶其他乡村。股民凭卡分红，一般户分一份，贫困户分双份。这样，合作社的效益和村民的利益真正连接到一起，同时也推进了精准扶贫。

自2016年"分享村庄"（河北·南峪村）启动以来，中国三星投入近1000万元，加上政府配套资金，把南峪村的村庄建设与产业发展规划、村庄基础设施建设、村庄组织建设、村庄产业发展以及村庄公共服务这五大块内容有机结合起来，整村推进、整体发展，将村庄发展成"环境优美、收入稳定、村民乐居、人际和谐"新农村建设示范点,打造成让贫困户获得最大收益的样板。

南峪村通过改造高端民宿,打造"麻麻花"品牌,使全村的收入有了巨大增幅。2016年,南峪村首期完成的2套高端民宿运营了2个月,收入达到10万元,年底全村村民每人分红100元,贫困人口每人分红200元。

2017年6月投入运营的8套民宿半年时间营业额达到174万元。通过合作社,全村老百姓实现了分红,2017年年底全村村民每人分红500元,贫困户每人分红1000元,真正实现了共享发展。

不但拿到了分红,蔡景兰还参与了民宿管家应聘,开启了"自主创业"之路。"当时,村支书比较了解我家状况,一直鼓励我来应聘这个管家。我就试着报了名。"说起自己是如何当上老板的,蔡景兰记忆犹新:"后来经过层层考核,我被录取了。"

当上管家的蔡景兰工作强度比以前降低了,可是赚的钱比以前多了,多出的时间还可以照顾病重的丈夫。如今作为民宿4号院管家的蔡景兰,拥有工资和分红两份收入,"不出家门口,双薪赚到手"。

中国扶贫基金会副理事长兼秘书长刘文奎介绍,"分享村庄"即通过"选村精准、项目精准、资金精准、效果精准"的模式,实现"村庄的五个分享":分享好的居住环境、分享村庄资源、分享村庄发展机会、分享村庄发展成果以及分享一种村庄发展的模式和经验。

如今,南峪村"麻麻花的山坡"精品民宿已经在京津冀地区乃至全国有了一定知名度和影响力。作为高端民宿旅游产业成果案例,时任国务院副总理的汪洋,还曾亲自前往当地进行过调研。此外,河北省69个县市领导还曾分批到南峪实地学习扶贫模式,埃塞俄比亚、南非、柬埔寨等多国农业部长也曾实地访问南峪村,学习旅游扶贫经验。

对此,中国扶贫基金会理事长郑文凯认为,"南峪村的'分享村庄'在中国扶贫基金会十余年乡村发展探索中是一个里程碑,是一项具有重大意义的探索！"

而在谈及南峪村的脱贫成绩和未来规划时，中国三星副社长王彤表示，"经过了三年的精准扶贫项目之后，到 2017 年年底，南峪村人均年收入增加到 3450 元，增长近一倍。贫困户和贫困人数也分别下降 88% 和 80%。今年将提前实现全面脱贫。"

分享模式：聚焦"精准扶贫"，兼顾"科普创新"

南峪村的成功脱贫并非"分享村庄"项目的个例。位于陕西省富平县北部山区的十二盘村，是当地有名的穷山沟。早在 2015 年 7 月，三星就在十二盘村创建了第一个"分享村庄"项目，三星投入 1500 万元打造分享村庄项目，率先完成了 112 户民居建设及社区的道路、水电等配套设施建设。随后帮助村民在安置社区开展奶山羊养殖与柿子种植两大产业，最终形成柿子园——奶山羊产业链。

作为一家科技企业，中国三星由点及面延伸扶贫效果链条，这与国务院扶贫办提出的"景区带村、能人带穷"的旅游扶贫模式不谋而合。中国三星通过打造以景区为核心，带动周边的村庄旅游发展，打造县域旅游扶贫发展大格局，不仅为贫困人口创业就业增收提供平台，而且让建档立卡的贫困户进入村庄组建的旅游合作社，享受稳定的资产性收益，确保贫困户能脱贫。

乡村旅游有那么大带贫能量吗？《全国乡村旅游扶贫观测报告》显示，2015 年，贫困村乡村旅游从业人员占贫困村从业总人数的 35.1%，乡村旅游带来的收入占农民人均年收入的 39.4%，贫困村通过乡村旅游脱贫人数达 264 万人，占全国脱贫总人数的 18.3%。预计到 2020 年，全国乡村旅游年接待游客将超过 40 亿人次，实现总收入 2.3 万亿元，带动全国约 15% 的农民受益。

南峪村的成功实践证明："分享村庄"是一条发展壮大乡村旅游，助力旅游扶贫的好路子。"'美丽村庄——三星分享村庄'模式是可复制、可推广的，目前我们基金会在全国选取 15 个贫困村推广该项目。"中国扶贫基金会"麻麻花的山坡"项目经理张晔介绍。

如何选择"分享乡村"的候选村，中国三星采取"PK 制度"。以南峪村项目为例，一开始，由河北省扶贫办协调选定了 20 个候选村，经过专家组的几轮实地调研、分组讨论、效果评审等多个环节，最后南峪和大石门两个村进入候选。项目组分别给了南峪村和大石门村各 50 万元的启动资金，让他们拿着启动资金做村里废弃房屋改造的工程，以摸清当地村委会项目执行能力和他们的改造理念。最终，经过一场答辩，让两个村的负责人来进行理念碰撞，南峪村胜出。

2017 年，第三个"分享村庄"延续选村"PK 制度"。贵州共有三个村子进入备选，在综合交通、基建情况、管理者能力等诸多因素后，最终花

"分享村庄"（贵州·雷山·白岩村）启动

落贵州省雷山县白岩村。与南峪村类似，白岩村同样具备旅游资源。

白岩村位于雷山县东南部，距县域 8.5 公里，全村辖 2 个自然寨，5 个村民小组，共 147 户 646 人。该村东接雷公山国家森林公园保护区，南临大塘镇高岩村，西靠排卡村，北抵乌东村。村内房屋皆为苗家传统木结构房屋，民族刺绣、民族工艺、木活手艺等民俗旅游资源也有一定基础。

"白岩村就在雷公山下，清晨有特殊的云海梯田景观，这是我们发展旅游的先天优势。"白岩村村主任唐文德说，其实十几年前村里办民宿的也不少，但是西江千户苗寨火了以后，来白岩村的游客越来越少。在中国三星"分享村庄"理念下，白岩村现在做民宿不是要和他们竞争，而是走一条不同的路，把有更高需求的游客吸引过来。

项目开展以来，中国三星继续按照"景区带村、能人带户"的原则，对村里的废弃房屋进行修缮，打造具有当地文化特色的高端民宿，组织村民成立乡村旅游合作社，让村民得到分红之外，还提供家门口就业机会，比如担任民宿管家等职务，每年白岩村新增 5 户民宿客栈。

"办几家民宿不难，形成产业却不易，这需要政策、资金等多方面的支持，多亏了中国三星的帮扶！"谈及"分享村庄"项目，唐文德感慨道，"中国三星帮我们走出了像南峪村一样的高端民宿路线，南峪村的今天就是白岩村的明天！"

据《中国企业社会责任研究报告（2017）》显示，三星在 100 家在华外资企业履行社会责任方面排名第一，"分享村庄"是三星五大公益项目之一，并已在南非、印度等国有建设经验。

如今，我国进入脱贫攻坚的关键时期，中国三星积极履行社会责任，及时发布了"2018 年至 2020 年的扶贫新战略"，聚焦精准扶贫，兼顾科普创新，通过产业扶贫、助残、扶智的方式，重点支持三区三州、集中连片深度贫困地区的脱贫攻坚事业。

中国三星总裁黄得圭表示，今后中国三星将集中优势资源，积极参与中国的脱贫攻坚战。

未来三年，中国三星将投入 1.5 亿元，重点打造 10 个旅游示范村和农产品基地。此外，中国三星还将在甘肃省临夏自治州的三个特困县改扩建 15 所农村小学，在四川凉山、云南怒江、甘肃临夏三州地区实施 5000 例先天性视障儿童免费复明手术，推动产业扶贫、助残、扶智的一体化可持续发展。

苏宁控股集团有限公司

苏宁创立于 1990 年，在中国和日本拥有两家上市公司，是中国领先的商业企业，2018 年苏宁控股集团以亿元的规模位居中国民营企业 500 强第二名。秉承"引领产业生态、共创品质生活"的企业使命，苏宁产业经营不断拓展，形成苏宁易购、苏宁物流、苏宁金融、苏宁科技、苏宁置业、苏宁文创、苏宁体育、苏宁投资八大产业板块协同发展的格局。其中，苏宁易购跻身 2017、2018《财富》世界 500 强。

目前，苏宁在全国线下拥有约 7000 家门店，是国内最大的零售企业。在三、四级市场，苏宁已经建设了数千家苏宁易购直营店、苏宁易购零售云门店、苏宁易购电商扶贫实训店，确保了苏宁独特的 O2O 渠道和物流网络延伸至偏远的贫困地区，推动贫困村更多的优质农副产品进城。

电商扶贫的"苏宁作为"

——苏宁创新"互联网＋扶贫"新模式 拓展电商扶贫新路径

"小康不小康，关键看老乡"。党的十八大以来，党中央着眼于全面建成小康社会，把扶贫开发工作纳入"四个全面"战略布局，大力实施精准扶贫，推动贫困地区和贫困群众加快脱贫致富奔小康的步伐。

在"精准扶贫"上升为国家战略时，电商扶贫也被列为重点扶贫保障。2015 年年底，国务院扶贫办发布推进实施精准扶贫"十大工程"，首次将电商扶贫纳入扶贫政策体系，指出要采用电商扶贫方式使贫困地区、贫困人口共享经济发展的红利。

社会各界积极响应号召，参与其中，以创新社会扶贫工作模式来实现精准扶贫的效果。尤其是在"互联网＋"大环境下，电商扶贫成了帮助贫困地区快速脱贫致富的有效途径。同年，与国务院扶贫办签订《电商精准扶贫战略合作协议》的第一批电商企业中，苏宁控股集团是其中之一。

经过几年的深耕细作，在 832 个贫困地区，苏宁已布局 2400 多家农村苏宁易购直营店、349 家线上中华特色馆，带动回乡创业就业青年超过 1 万人，全渠道帮助农产品销售超 60 亿元……

线上发力——网上铺就脱贫路

实施精准扶贫、精准脱贫，坚决打赢脱贫攻坚战，产业扶贫是关键，是治本之策。习近平总书记强调，"要脱贫也要致富，产业扶贫至关重要。"利用当地优势整合各方资源，把老百姓切切实实纳入到产业帮扶当中去，促进贫困人口就业增收，才是长期有效解决脱贫困难的有力保障。

但随着全国各地扶贫产业项目的落地生根，许多贫困地区农产品面临"有产品没价格、有产品无品牌"、产业附加值低的困境。好产品卖不上好价钱，很多优质的贫困地区农产品找不到客户，而想买优质农产品的人也不知道去哪里购买才靠谱。近年来，苏宁发挥自身技术和市场优势，通过线上发力，有效对接供需，破解贫困地区"资源限制"，开辟了脱贫攻坚的"新通路"，在扶贫工作中发挥越来越重要的作用。

"酒香也怕巷子深"，用于形容贫困地区的土特产再合适不过。由于交通不便、宣传力度不够、产品开发打造不足等种种因素，贫困地区的农特产品大多"养在深闺无人认识"。

在青山覆盖的乡间村庄——湖南湘西花垣县十八洞村，不少农家在山上散养土鸡用于销售。土鸡蛋行情好时不愁卖，但遇上行情不好的时候，4毛钱一枚也卖不动，很多鸡蛋只能烂在了竹篮里面。2016年，苏宁与湘西自治州人民政府签署"精准扶贫农村电商"战略合作协议，借助苏宁电商渠道，湘西土鸡蛋搭上了网络快车，在苏宁线上频道如中华特色馆、大聚惠进行推广，很快创下一个月销售18万枚鸡蛋的成绩，为当地村民带来销售收入近百万元。

经过苏宁的牵线搭桥，以往经常滞销的贫困地区特色农产品纷纷开始"触网"，赣南脐橙、云南红米、灵宝苹果、凤凰蜜柚、石门大枣、从化荔枝等，也成为"网红"。

"没想到网络有这么大的能量。"提及去年苹果滞销的经历，山东日照果农老刘感慨颇多。原来，当年老刘的果园虽然获得大丰收，但收购商踪迹难寻，近万斤苹果堆在家里一周，无处可销。

不仅山东，去年山西、陕西、甘肃等地也出现了大面积的苹果滞销，增产不增收，成了摆在贫困果农面前的严峻难题。往年 6 元一斤的苹果，价格掉到了 2.5 元一斤，却仍然无人问津。面对冷库里堆积如山的苹果，果农就如热锅上的蚂蚁。

苏宁联合中国扶贫基金会助力山西隰县玉露香梨产业脱贫

最终，是苏宁帮果农们解了燃眉之急。苏宁易购大聚惠频道、中华特色馆同步发起爱心公益活动，在网站首页位置推荐，呼吁消费者帮助果农消化滞销苹果。仅用三天时间，老刘的苹果就销售一空。借助苏宁的平台，老刘的苹果卖到了五湖四海，老刘笑称，苹果也出了趟远门。

同时，苏宁还帮助山西祁县、陕西旬邑县、甘肃静宁县等地销售苹果，在线下同步发起"爱心助农、果断行动"活动，通过现场售卖，用实际行动爱心助农，一个月的时间线上线下累计销售1810万斤。不仅解决了苹果滞销的问题，还为这些地方的果农搭建起了一条走出大山的绿色通道，在精准扶贫领域做得更为深入。

事实上，在单个扶贫产品的销售上，苏宁已经得心应手。针对农村"地域广阔、分布较散、运量不大"的特点，苏宁依托自身特有的渠道优势挖掘贫困县、村、户的特色农副产品，帮助农民卖出好价钱，卖出品牌。

近年来，"双十一"成为各电商巨头的年度盛事，苏宁也不例外，但不同的是，苏宁把焦点转向了农村。2017年"双十一"，苏宁再掀"造血式"扶贫，"扶贫专场"、原产地"寻鲜记"、电商实训店等多项扶贫内容，帮助滞销农产品"触网热销"，精准扶贫带动农户一起"玩"。

在湖北秭归贫困村马家坝村，苏宁双线助力秭归脐橙打响自己的"10万+"，为数百橙农送来福音。与此同时，被誉为"中华橙王"的赣南原产脐橙再度登陆苏宁易购中华特色馆，双十一期间面向全国开卖。

2017年"双十一"前夕，在全国首届"双新双创"博览会上，苏宁控股集团董事长张近东代表企业家发表了题为《推进智慧零售下乡 打通互联

苏宁易购扶贫实训店

网＋农业》的演讲。张近东认为，伴随着互联网等新技术的加速涌现，智慧农业应运而生。而苏宁大力践行的智慧零售，其特点和优势正是以数据技术驱动生产经营和销售服务，这恰好衔接了智慧农业发展的供需两端，并计划 2018 年将"电商扶贫实训店"模式推广至 100 个贫困县。

除了"双十一"，2015 年 10 月 17 日，苏宁和国务院扶贫办共同打造"10·17 扶贫购物节"正式启动，购物节旨在助推社会形成"以消费响应扶贫、以口碑声援扶贫"的全民扶贫效应，通过扶贫购物专场集中拉动贫困地区特色产品销售。

2015 年 10 月 16 日，苏宁易购集团副董事长孙为民在高层论坛电商扶贫分论坛上介绍，"10·17 扶贫购物节"是苏宁云商和国务院扶贫办全国电商扶贫战略合作快速落地的一部分，这个战略合作还包括电商扶贫双百示范行动、电商扶贫 O2O 展销专区、农村电商人才培养等几个方面。

据孙为民介绍，苏宁计划利用互联网工具和线上线下平台，在全国范围内进行电商精准扶贫，未来三年建设 100 家苏宁易购直营店或服务站，在大城市核心商圈线下实体门店建设农村电商扶贫 O2O 专区，并在苏宁易购上线 100 家"地方特色馆"，促进农副产品、民族手工艺品等上网、进城。

"苏宁不止是一家互联网公司，更是有使命担当的企业公民。"苏宁易购总裁侯恩龙表示，资金上扶贫是不够的，真正意义上的帮当地老百姓脱贫，这是中国扶贫攻坚战的重要内容。

线下发力——打造"造血"全流程

现阶段，电商扶贫存在着不少问题。从总体上看，贫困地区农村电子商务发展仍处于起步阶段，电子商务基础设施建设滞后，缺乏统筹引导，电商人才稀缺，市场化程度低，缺少标准化产品，贫困群众网上交易能力较弱，影响了农村贫困人口通过电子商务就业创业和增收脱贫的步伐。

从长远来看，销售扶贫只能解一时之急，最关键的还是需要通过模式创新，形成长效的扶贫机制。在 2018 年全国两会上，全国人大代表、苏宁控股集团董事长张近东就曾建议"拓展电商扶贫模式，丰富扶贫措施，促进长效扶贫机制的形成"。

苏宁的互联网扶贫模式是为一个贫困村镇推广一款特色农产品，为一个贫困县打造一个优势产业，多产业联动带动当地产业集群发展，多渠道配合解决销售问题，逐渐形成特色化、精准化、社会化、产业化的电商扶贫思路，真正实现精准扶贫、脱贫。

为此，苏宁制订了品牌塑造和人才培养的双向计划。一方面针对农村"地域广阔、分布较散、运量不大"的特点，苏宁依托自身特有的渠道优势挖掘贫困县、贫困村、贫困户的特色农副产品，协助贫困地区打造"特产基地"和"电商产品示范基地"，建立苏宁易购大聚惠与农产品众筹常年直采基地，帮助他们卖出好价钱，卖出品牌；另一方面，苏宁将有针对性地开展定点电子商务培训，打造"双创与返乡青年等电商示范项目"，通过电商培训，令贫困地区人民能够跟上电商发展速度、实现创富增收。

2017 年 11 月，苏宁易购全国首家电商扶贫实训店在河北沽源县丰源店乡丰源店村落地。与以往产业扶贫的操作模式有所不同，实训店通过销售 + 实训 + 经营分成的创新扶贫模式，培养电商人才，招聘的员工以当地贫困人员为主，薪酬以基本工资为前提保障，同时鼓励多劳多得的提成、奖励模式，为贫困户增收、脱贫，提高就业技能。

贫困户沈艳云就是其中之一。沈艳云今年 37 岁，初中学历，由于患有小儿麻痹症，多年来并没有稳定工作，日常就是靠和丈夫一起打零工以及种植农产品为生，一年下来收入不过数千元。

上岗几个月，她感觉"收获多多"，如电商、SAP 进销存系统、大数据基础推广工具、市场营销概念等这些以前从来未听过的东西，现在都开始接触到了。"现在每个月有了近 2000 元的收入，一年的工资增收 2 万元以上。不但生活条件提高了，而且苏宁实训店还把我们送到北京培训基地进行培训，在那里学到了很多技能。"沈艳云说。

整个过程中，以"苏宁易购电商扶贫实训店"为载体，通过属地化公司注册、目标建档立卡贫困人员定向就业实训、线上线下营销技能培养、服务业务承接等方式，实现就业扶贫、培训扶贫在当地的落地、实践。此外，若实训店盈利，70%的利润将用于当地扶贫事业；若实训店亏损，全部亏损由苏宁承担。通过以上方式，最终实现集产业扶贫、教育扶贫、就业扶贫、捐资扶贫为一体，帮助贫困户增收脱贫。

受地域影响，贵州省威宁县石门乡的优质农产品常年滞销。2017年，苏宁在石门乡设立扶贫实训店，将建档立卡贫困户吸收到实训店学习，通过扶智的方式扶贫。当地村民激动地表示，如今他们在苏宁易购上开设了威宁特色馆，通过线上线下销售农特产品，"我们的年轻人也能就近工作、照顾老人小孩了！"

截至2018年9月，苏宁易购电商扶贫实训店已在全国超90个贫困县落地。张近东介绍，2018年要将苏宁在全国首创的电商扶贫实训店模式在全国至少100个贫困县落地，并将成立专项扶贫基金，全面保障实训店等精准扶贫项目的规模化落地、效益化发展，真正让智慧零售扎根贫困地区，并最终助力我国贫困人口全面脱贫的目标。

授人以鱼在先，同时授人以渔，最后再让更多拥有鱼与渔的过来人，带着他们自己的感悟与经验，一起再去传递、再去帮扶，从点到面，形成社会效应，这是苏宁的扶贫实践。

在张近东看来，苏宁从骨子里就有着"扶贫济困"的基因和传统。致富思源，不应该仅仅成为一个企业的责任，更应该变成一种习惯。

2011年，苏宁启动"阳光脱贫计划"，项目累计投入超过3亿元，广西、贵州、重庆、安徽、江西、云南、四川等十余个省份广泛受益。截至2017年，项目覆盖50多个县区，累计捐建170座便民桥、74栋宿舍楼、160多个现

全国电商精准扶贫经验交流会（2017）苏宁控股集团董事长张近东宣读电商扶贫倡议书

代化多媒体教室，160多万人次受益。项目通过基础设施援建、赈灾物资援助、技能培训、就业岗位设置、志愿者行动等措施，打造电商扶贫、教育扶贫、创业就业扶贫项目，改善边远贫困地区的生活环境，帮助孩子实现梦想，给予老人以生活保障，助力年轻人就业创业，实现对美好生活的向往。

在教育扶贫方面，苏宁通过"苏宁溪桥工程"为中西部偏远农村地区建成170座"苏宁桥"，项目受益人口约27.3万人；通过"苏宁筑巢行动"为贫困地区援建"苏宁校舍"，累计让3万名贫困地区学生受益。

在推动素质教育方面，苏宁为云贵川桂地区100所中小学捐助足球等体育教学装备，为陕甘疆三省和北京市捐建100个多媒体教室，为西北六省送去了科教课程体验，受益师生超过6万多人次。苏宁与上海真爱梦想公益基金会合作打造"梦想大篷车 – 苏宁号"项目，三年来已行遍大半个中国，超过10万名孩子与"苏宁号"亲密接触。苏宁"足球1+1"项目通过一对一帮扶，三年来共资助 30 所学校，举办 200 余场足球公益联赛，直接间接受益学生超 5 万名。

为扶贫，倾力而为；为攻坚，矢志不渝。苏宁在脱贫攻坚战场上所做的探索实践和取得的巨大成绩也受到社会各界一致肯定：苏宁先后荣膺"2017 年度优秀精准扶贫卓越企业"奖、"第十二届人民企业社会责任奖年度企业奖"、"2016 全国脱贫攻坚奉献奖"……

唯品会

唯品会成立于 2008 年，并于 2012 年成功在美国纽交所上市，目前已成为全国前三的综合电商平台，并创造了电商行业连续 23 个季度盈利的纪录。

唯品会首创电商扶贫＋非遗模式，唯爱工坊助力精准扶贫效果初现

作为国内知名时尚电商，唯品会积极响应和落实国家精准扶贫的政策，发挥自身优势，打造"唯爱工坊"电商公益平台，聚焦非遗手工艺，将非遗与扶贫开创性结合，探索出"电商＋非遗＋扶贫"的非遗扶贫新经济特色化路子，在精准扶贫的同时实现非遗活化传承，创新践行电商精准扶贫。

唯爱工坊开通至今，已踏访 12 个省份，上线 27 种非遗技艺产品，精准对接到 14 个国家扶贫开发工作重点县，为超 5000 名手艺人带去 1000 多万元劳动报酬。

唯品会非遗扶贫背景

2015 年 11 月，中共中央、国务院发布《中共中央国务院关于打赢脱贫攻坚战的决定》，提出了我国脱贫攻坚的目标，确保到 2020 年农村贫困人口实现脱贫。2016 年 11 月，国务院扶贫开发领导小组办公室、国家发展和改革委员会、农业部等 16 部门联合出台了《关于促进电商精准扶贫的指导意见》，要求进一步创新扶贫开发体制机制，将电商扶贫纳入脱贫攻坚总体部署和工作体系，实施电商扶贫工程，推动互联网创新成果与扶贫工作

深度融合，带动建档立卡贫困人口增加就业和拓宽增收渠道，加快贫困地区脱贫攻坚进程。

唯品会积极响应国家号召，充分发挥电商优势资源，通过互联网先导力量和驱动作用，深入开展精准扶贫工作。2017年，唯品会探索电商扶贫＋非遗创新模式，全力打造专注于非遗活化和传承的电商公益平台"唯爱工坊"，通过行业联合指导、非遗人才培养、非遗时尚产品打造、电商公益售卖等举措，推动非遗现代生活化、时尚商品化和发展可持续化，并实现对手艺人的帮扶。

唯爱工坊非遗新经济圆桌论坛

唯爱工坊非遗扶贫新经济模式

（一）唯品会"唯爱工坊"电商扶贫模式

"唯爱工坊"于2017年5月底启动，通过行业指导、非遗人才培养、手艺人帮扶、设计师重构和联合品牌重塑等举措，推动非遗现代生活化、时尚商品化和发展可持续化，促进非遗的活化与传承，改善非遗手工艺女性手艺人及其贫困家庭的生活质量，以此实现精准扶贫的目标。唯品会用唤醒、激活、赋能、服务"四部曲"，以"产学研售秀"全链条来实现对非遗的保护与传承。

1. 建立"唯爱·妈妈制造合作社"，为非遗手艺人提供技能培训。

唯品会携手中国妇女发展基金会、土族阿妈等共同启动首家"唯爱·妈妈制造"合作社

培育非遗手工艺者是非遗传承的核心，唯品会通过投入经费捐建"唯爱·妈妈制造合作社"，为非遗手艺人提供技能培训。合作社将为有意愿学习非遗工艺的当地女性提供全面培训，发掘她们的手工艺特长，培育更多非遗匠人，壮大生产队伍。自2017年5月至今，唯品会已在全国6个省份捐建了10家"唯爱·妈妈制造合作社"，助力9种非遗技艺进行时尚活化。

举例来说，唯品会在贵州织金地区成立了两家"唯爱·妈妈制造贵州苗族蜡染合作社"，当地政府以两家合作社为基点，组织规范化生产管理以促进上千名苗家妇女积极投身到苗绣和蜡染的生产制作队伍中，形成区域规模效应，带动织金地区的非遗保护、传承和发展，成为有质保量的非遗生产基地。

此外，唯品会还与中国妇女发展基金会、北京服装学院、友成企业家扶贫基金会等达成战略合作，持续帮助非遗手艺人参加培训、学习以提高技艺水平、进行产品设计和开发等，保证项目的可持续运营。

2. 知名设计师浸入式体验和创作，创作定制式非遗时尚产品。

唯品会引入时尚设计资源，对非遗产品进行美学重构与时尚化设计，推出兼具时尚性与实用性的定制化产品，助力非遗扶贫新经济的迅猛发展。

唯品会目前已联合多家品牌方、设计师前往海南、云南、贵州、新疆、青海多地进行采风，邀请设计师在了解非遗制作特色的基础上，结合自身时尚视角，与非遗手艺人共同创作定制式非遗时尚产品，从多维度演绎匠心技艺与大众审美碰撞交融下的现代生活美学，为非遗产品开拓更大的市场发展空间，推动非遗产品市场化、时尚化和产业化。

唯品会携手设计师前往贵州织金采风

3. 电商平台全链条推动产品市场化及产业化。

通过开通电商扶贫平台唯爱工坊，唯品会在保护和传承非遗的过程中积累了一定的经验，以非遗保护为核心内驱，运用信息网络等现代技术和电子商务平台运营，推动设计、生产、管理和营销模式变革，重塑产业链、供应链、价值链，改造提升传统动能，使之焕发新的生机与活力。

唯品会为产品提供包装设计制作、商品质检、线上营销运营、物流配送等支持，让消费者从产品到服务及体验都享有全面的品质保障。

以"唯爱·妈妈制造"系列的产品为例，贫困手艺人从中获得的劳动报酬占售价的 30~60%，这些非遗商品的销售所得将帮助有传统手工技艺的贫困阿妈们获得有尊严且持续的收入，同时带动外出女工返乡，有效改善留守儿童和空巢老人等社会问题，从而构建"造血式扶贫"的长效机制。

（二）"非遗万物品牌联合计划"发挥平台优势撬动品牌力量

市场上各大时尚品牌不仅是潮流的打造者，也最了解消费群体品质生活需求。因此，"唯爱工坊"在 2018 年 3 月底与城市画报和广东时装周达成战略合作，携手 16 个时尚品牌（飞亚达、卡宾、生活在左、品立、裂帛、Artka、罗莱、洁丽雅、周大福、曼古银、VMe 等）共同合作 2018 年度"唤醒千年之美——非遗万物品牌联合计划"，强力打造多元化品牌矩阵，唯品会希望通过整合品牌雄厚的设计实力和市场营销资源，通过设计师资源引入、非遗手艺人帮扶、非遗时尚产品开发、营销推广资源整合等努力，用现代审美和电商运营促进非遗的活化和传承，不断推出高品质的非遗时尚产品，共同推动非遗的现代生活化、时尚商品化、发展可持续化。

唯品会携手品牌方前往海南、云南、贵州、新疆等多地进行非遗采风，深入探访黎锦、蜡染、彝绣、艾德莱斯绸、花丝镶嵌等 7 项非遗技艺，邀请设计师在了解非遗文化和制作工艺的基础上，结合自身时尚视角和品牌的风格，对传统工艺进行美学重构和时尚设计，与非遗手艺人共同创作品牌定制化非遗时尚产品。16 个品牌精心设计的所有定制化非遗产品于 2018 年6 月及 9 月的"唯爱工坊 – 非遗万物品牌联合计划专场"全面上线。通过此次非遗万物品牌联合可为非遗手艺人带去 200 余万元的劳动报酬。

（三）传播推广非遗，助力文化保育及提升文化自信

为了进一步传播非遗文化，为非遗发声，唯品会带着唯爱工坊的项目成果走向世界。在连续参加了两年的女性可持续发展国际论坛上，唯品会向各国展示了勤劳、智慧、坚韧的中国女性形象，共同见证"她"力量的崛起。

2017年6月，唯品会受邀参加在美国纽约的联合国总部举行的"女性公益可持续发展国际论坛"，唯品会副总裁黄红英作"唯爱前行，赋能'她能量'"的主题演讲，重点推广非遗扶贫赋能女性的举措。

2018年2月，唯品会与伦敦时装周达成战略合作，用时尚打开传统，让非遗传承"活起来"，帮助非遗传统文化走出国门。

2018年6月，唯品会邀请非遗匠人和时尚品牌设计师共同参加在伦敦举办的女性手工艺创新展和伦敦时装周，搭起了一座文化沟通桥梁，让文化说话。同时，通过把中国的传统技艺从田间带到国际，也弘扬了博大精深的中华文化，促进世界文化共同繁荣。

从输血到造血：贵州毕节织金县非遗扶贫案例

（一）贵州织金案例背景

贵州织金蜡染被誉为"世界上最精细的蜡染""指尖上的芭蕾"，具有两千多年的历史，但是随着时代的发展，蜡染产品因为缺少设计感和生活实用性，很难打开市场，而祖祖辈辈传承蜡染的苗家妇女由于难以此谋生，渐渐放弃了蜡染手艺选择外出打工。

经过全国工商联、织金工商联的推荐，唯品会唯爱工坊项目前往织金进行多次实地走访摸查，在与当地初步沟通后了解到，织金的544个行政村中，约有4万个会蜡染的绣娘、其中有7000个建档立卡的贫困户，而在全织金县的13.3万建档立卡贫困户，半数为女性。如果能以蜡染扶贫为切入，可以有效带动女性当地就业、创收增收并实现建档立卡贫困户的精准帮扶

和脱贫。

（二）实际问题和困难

项目真正在当地落地时，生产过程中遇到了比预期更多的多重困难：

首先，绣娘分散在村落中，以家庭作坊的模式进行生产，没有集中管理，政府对于真正可以组织起来进行生产的绣娘的人数、生产效率、工艺水平等信息也没有详细调查过，难以短时间铺开规模。

其次，贵州织金县目前的生产水平和订单体量不匹配，会蜡染的绣娘中，真正达到技术标准，可以投入生产的人并不多，整体的生产水平较低。

再者，当地缺乏相关龙头企业，仅有的家庭作坊还未建立起一套科学合理的管理机制和发展机制，管理上处于起步的阶段，给工作推进增加了很大的沟通成本。

（三）破局

针对此问题，唯品会结合自身优势，对于织金县的蜡染扶贫进行了定制化扶贫三部曲：

"输血"式定制，打开织金市场视野与思维

2017 年 11 月 1 日，唯品会联合中国妇女发展基金会在织金官寨乡小妥俣村捐建一间唯爱·妈妈制造蜡染合作社，作为当地蜡染扶贫的试点。贵州蜡染传承人蔡群作为合作社带头人，合作社依托中国妇基会妈妈制造项目为苗族绣娘们进行技能和知识培训，帮助她们更好地制作蜡染。

同年 11 月份，唯品会邀请国内外三名时尚设计师，曾为 D&G、ARMANI 等多个奢侈品牌担任设计顾问的 Petros，CICICHEUNG 熙上创始人、北京服装学院客座教授蒋熙，时尚品牌两三事新锐设计师代表 JEVO 大君，到当地浸入式体验和采风，进行蜡染创作，将苗族蜡染进行美学重构，为非遗文化注入国际时尚元素，对蜡染与时尚实用的产品进行再设计结合，

唯品会"唯爱·妈妈制造"贵州织金蜡染合作社启动

提高蜡染的实用价值，并由当地手艺人进行制作，获得相应的报酬；然后唯品会为产品提供免费的包装设计、质检、运营和物流等系列支持，并通过唯爱工坊频道对所有产品进行纯公益零利润的售卖，由此带动更多年轻妈妈返乡就业、提高收入。

通过此次三位设计师的合作，在 2 个月内共为以蔡群为代表的几十名手艺人带去共计 25 万元的劳动报酬。社员杨光美告诉唯爱工坊的工作人员，"自己原先在外打工一个月能赚 2000 元，目前在家做蜡染可以一个月赚 3000 元，而最重要的是可以陪孩子和老人了，当孩子跟她说自己不用做留守儿童的时候，她流下了心酸和幸福夹杂的眼泪。"

在第一家唯爱·妈妈制造蜡染合作社成立和试点成功后，唯品会希望通过大体量订单激活当地蜡染生产力，于是成立了第二家唯爱·妈妈制造苗绣与蜡染合作社并在启动仪式现场与当地政府签订了 1000 万元的年度生产订单。借此机会督促政府对当地的实际生产能力进行了彻底的摸查，建

希腊跨界艺术家、D&G 和 ARMANI 等奢侈品牌设计顾问 Petros 在贵州织金进行采风

立贫困绣娘数据库，据统计在 574 个村的 70000 名会蜡染的绣娘中真正可以投入生产的其实只有 3000 名左右，经过推算，唯品会 1000 万的生产订单可以覆盖到 800 名绣娘，其中建档立卡的贫困绣娘约 280 名。而基于贫困绣娘数据库的建立，可以依托生产订单分批精准实现脱贫帮扶。

除了唯品会自身的订单帮扶，唯品会还撬动品牌力量联合做定制化非遗扶贫，在"唤醒千年之美 – 非遗万物品牌联合计划"的 16 个品牌中，唯品会将 7 个品牌（飞亚达、天王、品立、生活在左、裂帛、罗莱、洁丽雅）及一个设计师品牌 Sherny Counter 引入织金做蜡染和苗绣项目，根据协议，每个品牌将通过生产订单至少为当地绣娘提供 10 万元的劳动报酬，全部品牌预计将为当地绣娘提供近百万元的劳动收入。目前已有飞亚达品牌完成产品设计和上线，并通过代言人高圆圆的明星效应，极大提高了织金蜡染的知名度。

2018 年 5 月，唯品会与织金县签订 1000 万元的年度蜡染生产订单

"造血"式帮扶，构建织金产业体系与规模

唯品会的合作社以及大批量订单的输入在当地产生了非常好的激活效应，带动当地的蜡染扶贫从输血向造血转变。

首先，因为有了前期两家合作社社员创收增收的示范，妇联在着力打造的锦绣计划暨织金绣娘帮扶计划有了实质性的推进，各街道和村子纷纷自发成立起各自的合作社或是注册蜡染刺绣公司，在短短几个月内，织金已经在 32 个乡镇成立了 66 家蜡染合作社。

其次，因为有了订单的支撑，织金的蜡染产业也得到了全国工商联的支持。在全国政协副主席、全国工商联主席高云龙同志到织金考察，了解到织金目前的生产水平和订单体量不匹配的情况后，由工商联向织金捐赠 200 万元扶持资金专项用于蜡染培训，提高整体蜡染水平，实现可持续发展。

据当地妇联主席黄英介绍，到 2020 年，织金县妇女特色手工企业、专业合作社将达到 200 家。从事特色手工产业的妇女将达到 3 万人，带动 6 万人脱贫。从 2018 年到 2020 年，全县培训妇女手工技能 3 万人次，其中县级妇联定点培训妇女 0.6 万人次，各乡镇（街道）、村合作社培训 2.4 万人次。

合作社带头人蔡群与绣娘们进行蜡染工艺制作

"蝶变"式发展，打造织金织绣金字招牌

在唯品会一系列动作的助推下，促成了"织金县蜡染刺绣商会"的成立，将全县优质的蜡染合作社悉数纳入并将全部蜡染绣娘进行统一管理，建立科学合理的发展机制、咨询机制、议事机制、造血机制和回馈机制，切实发挥商会在促进经济社会发展方面所具有的独特优势和作用。立足长远，共同打造织金蜡染刺绣品牌。除此之外，唯品会对蜡染产业进行持续性的支持并鼓励织金经过几年发展成熟后注册蜡染品牌、入驻唯品会及其他电商平台进行产品商业化运作，由量变形成质变，让绣娘们从脱贫真正实现致富。

"蝶变"式的发展，吸引了更多苗家妇女积极投身到苗绣和蜡染的生产制作队伍中，形成区域规模效应，带动织金地区的非遗保护、传承和发展，成为有质保量的非遗生产基地，为苗家妇女带来可持续的收入，更带动贵州地区的非遗保护、传承和发展。

"绽放"非遗精彩，让世界见证中国女性力量

作为全球时尚电商，唯品会希望能为非遗搭建舞台，向世界展现中国文化的博大精深，推动世界文化交流，让世界感受东方魅力，也让非遗感受全球时代脉搏，获得更多创意灵感。

2018 年 6 月，"2018 年女性可持续发展国际论坛暨女性手工艺创新展"在伦敦剑桥大学嘉治商学院举办，唯品会携手国内外知名时尚设计师和品牌合作设计的非遗单品，在女性手工艺创新展上正式亮相。唯品会邀请来自贵州织金县的苗族绣娘杨林先在活动现场向中外来宾、媒体展示了高超的蜡

2018 年 6 月，英国伦敦"2018 年女性可持续发展国际论坛暨女性手工艺创新展"活动期间，来自贵州织金的苗族绣娘杨林先（中）向现场中外来宾展示精湛的传统非遗手工技艺

染技艺，引来全场与会者的热烈反响。苗绣、蜡染等非遗技艺与潮流的碰撞，不仅刷新了国内外时尚界对中国的非遗文化的认知，更为非遗手工技艺的传承和发展，助推脱贫攻坚开辟了一条新路。

在现有成绩的基础上，未来，唯品会将继续充分发挥自身平台优势，联合非遗扶贫新经济生态圈各方，通过唤醒、激活、赋能、服务四部曲，从行业指导、人才培养、手艺人帮扶、设计师和品牌资源引入等方面，形成"产、学、研、售、秀"的结合，帮扶更多贫困手艺人，并努力做到"见人见物见生活"，让非遗代代相传、生生不息。